Gabriele Peter

AiB Betriebsrat-Stichwort

Schulung und Bildung von Betriebsratsmitgliedern

Handlungshilfe für Betriebsräte zu § 37 Abs. 6, 7 BetrVG

5. Auflage

BUND VERLAG

Bibliografische Information der Deutschen Nationalbibliothek
Die Deutsche Nationalbibliothek verzeichnet diese Publikation in der Deutschen Nationalbibliografie; detaillierte bibliografische Daten sind im Internet über http://dnb.d-nb.de abrufbar.

5., überarbeitete und aktualisierte Auflage 2025

Umschlag: Neil McBeath, Stuttgart
Satz: Reemers Publishing Services Gmb, Krefeld
Druck: mediaprint solutions GmbH, Eggertstraße 28, 33100 Paderborn

ISBN 978-3-7663-7534-6

kontakt@bund-verlag.de
www.bund-verlag.de

Vorbemerkung

Der Betriebsrat ist das Herzstück der Mitbestimmung in Unternehmen und Betrieben. Seine Aufgabe ist es, die Interessen der Belegschaft zu vertreten und die Arbeitsbedingungen aktiv mitzugestalten. Damit dies gelingt, benötigen Betriebsräte vielfältige und fundierte Kenntnisse. Gerade in einer sich schnell wandelnden Arbeitswelt, die von Digitalisierung, neuen Arbeitsformen, dem Einsatz Künstlicher Intelligenz und gesellschaftlichen Veränderungen geprägt ist, ist es wichtig, dass sich Betriebsräte gut informieren und weiterbilden, um handlungsfähig zu bleiben.

In dieser Handlungshilfe geht es um den Bildungsanspruch von Betriebsräten nach § 37 Abs. 6 und 7 Betriebsverfassungsgesetz. Sie soll bei der Planung und Durchführung von Seminarteilnahmen von Betriebsratsmitgliedern unterstützen. Sie bietet einen Überblick über die rechtlichen Voraussetzungen für Freistellung und Kostenübernahme. In der Praxis entstehen darüber immer wieder Konflikte. Das zeigt schon die umfangreiche Rechtsprechung, die zu Betriebsräteseminaren ergangen ist. Die praktischen und rechtlichen Fragen werden in dieser Handlungshilfe auf dem aktuellen Stand der Rechtsprechung dargestellt. Betriebsräte können sich über die Rechtslage informieren, bekommen Orientierungshilfe bei Entscheidungen über die Entsendung zu Betriebsräteseminaren und konkrete Tipps mit Musterformulierungen für die Beschlussfassung zur Entsendung zu Betriebsräteseminaren.

Inhalt

Abkürzungsverzeichnis

a.A.	anderer Ansicht
a.a.O.	am angegebenen Ort
Abs.	Absatz
AGG	Allgemeines Gleichbehandlungsgesetz
AiB	Arbeitsrecht im Betrieb (Zeitschrift)
Anm.	Anmerkung
AP	Arbeitsrechtliche Praxis
ArbG	Arbeitsgericht
ArbR	Arbeitsrecht Aktuell (Zeitschrift)
ArbRB	Der Arbeits-Rechts-Berater (Zeitschrift)
Aufl.	Auflage
AuR	Arbeit und Recht (Zeitschrift)
BAG	Bundesarbeitsgericht
BB	Betriebsberater (Zeitschrift)
BetrVG	Betriebsverfassungsgesetz
BVerwG	Bundesverwaltungsgesetz
bzw.	beziehungsweise
ca.	circa
DB	Der Betrieb (Zeitschrift)
DGB	Deutscher Gewerkschaftsbund
d.h.	das heißt
DKW	Däubler/Klebe/Wedde, Kommentar zum Betriebsverfassungsgesetz, 19. Aufl., Frankfurt 2024
EBR	Europäischer Betriebsrat
EDV	Elektronische Datenverarbeitung
EuGH	Europäischer Gerichtshof
EzA	Entscheidungssammlung zum Arbeitsrecht
f., ff.	folgende, fortfolgende
FTLSS	Fitting/Trebinger/Linsenmaier/Schelz/Schmidt, Kommentar zum Betriebsverfassungsgesetz, 32. Aufl., München 2024
GBR	Gesamtbetriebsrat
i.S.d.	im Sinne des
i.V.m.	in Verbindung mit
KBR	Konzernbetriebsrat
LAG	Landesarbeitsgericht
LAGE	Entscheidungssammlung der Landesarbeitsgerichte
Ls.	Leitsatz

m. w. N.	mit weiteren Nachweisen
Nr.; Nrn.	Nummer; Nummern
NZA	Neue Zeitschrift für Arbeitsrecht (Zeitschrift)
PersR	Der Personalrat (Zeitschrift)
Rn.	Randnummer(n)
S.	Seite(n)
s.	siehe
st. Rspr.	ständige Rechtsprechung
u. a.	unter anderem
u. U.	unter Umständen
vgl.	vergleiche
z. B.	zum Beispiel
ZfA	Zeitschrift für Arbeitsrecht
Ziff.	Ziffer(n)
zul.	zuletzt

I. »Wissen ist Macht«

Wenn ein Betriebsratsmitglied zum ersten Mal in den Betriebsrat gewählt wird, übernimmt es im Vergleich zur beruflichen Tätigkeit eine ganz andere Funktion im Betrieb. Es kommen **neue Aufgaben** hinzu, die andere Fähigkeiten erfordern, als sie bisher benötigt wurden. Als Mitglied des Betriebsrats soll es die Interessen der Kolleginnen und Kollegen gegenüber dem Arbeitgeber vertreten. Da stellt sich die ganz banale Frage: Wie geht das? Was ist wann zu tun? Was muss man wissen?

Ein Betriebsratsmitglied muss eine ganze Menge wissen. Das beginnt mit den betrieblichen Abläufen, der Zusammenarbeit im Betriebsratsgremium, der Durchsetzung von Maßnahmen im Interesse der Belegschaft, den Rechten und Pflichten aus dem **Betriebsverfassungsgesetz** und geht weiter mit aktuellen Änderungen zum Betriebsverfassungsrecht oder anderen arbeitsrechtlichen Gesetzen. In diesem grob skizzierten Rahmen bewegen sich die vielfältigen Kenntnisse, die Betriebsratsmitglieder brauchen. Den Umgang mit dem betrieblichen Geschehen und den Kontaktpersonen auf Arbeitnehmer- und Arbeitgeberseite lernen Betriebsratsmitglieder nach und nach kennen. Für die Alltagsarbeit und für Spezialprobleme gehen Betriebsratsmitglieder durch einen Lernprozess:

Fragen und Probleme eines Betriebsrats

- Der Arbeitgeber will einem Kollegen oder einer Kollegin kündigen. Wie kann der Betriebsrat reagieren?
- Was ist bei Versetzungen, Ein- und Umgruppierungen zu beachten?
- Der Arbeitgeber will umstrukturieren. Was kann der Betriebsrat tun?
- Im Betrieb wird zunehmend künstliche Intelligenz genutzt. Wie kann der Betriebsrat den Einsatz mitgestalten?
- Was ist bei der Einführung von Gruppenarbeit zu beachten?
- Worauf kommt es bei Einführung neuer Soft- und Hardware an?
- Muss der Betriebsrat die Einstellung von Leiharbeitskräften hinnehmen?
- Welche Schutzmaßnahmen sind beim Umgang mit gesundheitsgefährdenden Stoffen erforderlich?
- Wie kann der Betriebsrat die Entgeltgleichheit von Frauen und Männern fördern?

Diese Fragen bilden nur einen Bruchteil der Aufgaben des Betriebsrats ab. Eines steht jedoch fest: Welches Problem es auch immer im Betrieb zu lösen gilt – ohne **Fachwissen** und **Spezialkenntnisse** seiner Mitglieder kommt der Betriebsrat nicht aus.

Allerdings wird niemand zum »Betriebsrat« ausgebildet oder auf die Ausübung dieser Funktion vor der Wahl vorbereitet. Das ist ein erheblicher Nachteil gegenüber dem Arbeitgeber. Denn er selbst oder die Personalleiter und -leiterinnen sind häufig für ihre Rolle im Betrieb speziell qualifiziert oder verfügen über ein entsprechendes Erfahrungswissen.

Das Betriebsverfassungsgesetz ist so angelegt, dass Konflikte im Betrieb im Dialog zwischen den Betriebsparteien gelöst werden. Das bedeutet, dass der Betriebsrat seine Ziele auf dem **Verhandlungswege** verfolgen muss. Um überzeugen zu können, braucht er Argumente und strategisches Geschick. Gleichzeitig muss er wissen, welche **Handlungsmöglichkeiten** ihm das BetrVG eröffnet. Damit gilt für den Betriebsrat die Devise **»Wissen ist Macht«**. Eine gute Qualifizierung und rhetorische Fähigkeiten verbessern die Durchsetzungschancen.

1. Ohne Schulung und Bildung geht es nicht

Nachholbedarf

Mitwirkungs- und Mitbestimmungsrechte kann der Betriebsrat nur dann effektiv nutzen, wenn er seine Interessen gut formulieren und vertreten kann. Voraussetzung für annähernd gleichwertige Durchsetzungschancen auf beiden Seiten ist **»intellektuelle Waffengleichheit«**. Betriebsratsmitglieder befinden sich gegenüber Arbeitgebern regelmäßig in der **schlechteren Ausgangsposition**. Der Betriebsrat will Ziele erreichen, die der Arbeitgeber nicht freiwillig zugesteht. Mit diesen Interessengegensätzen gilt es umzugehen. Der Betriebsrat muss argumentieren, überzeugen und eigene Vorschläge entwickeln. Betriebsratsmitglieder können sich das Wissen für ihre Arbeit nur schrittweise aneignen, während Arbeitgeber und Management für ihre Tätigkeit gezielt ausgebildet wurden und auch im weiteren Verlauf ihrer Karriere Gelegenheit zur Weiterbildung erhalten.

Rechtsanspruch auf Bildung

Das BetrVG hat den für die Verhandlungsführung ungleichen Ausgangsbedingungen auf Arbeitgeber- und Arbeitnehmerseite mit **§ 37 Abs. 6 und § 37 Abs. 7 BetrVG** Rechnung getragen. Diese beiden Spezialvorschriften erlauben Betriebsratsmitgliedern unter Fortzahlung ihres Entgelts, Schulungs- und Bildungsveranstaltungen zu besuchen, um für die Betriebsratsarbeit erforderliches und geeignetes Wissen zu erwerben. Damit diese Rechte auch wahrgenommen werden und die Schulungsteilnehmer und -teilnehmerinnen den Seminarbesuch nicht aus eigener Tasche zahlen müssen, ist dem Arbeitgeber mit **§ 40 BetrVG** die Kostentragungspflicht für erforderliche Fortbildungsveranstaltungen auferlegt worden.

2. Vielfalt an Bildungsangeboten

Verschiedene Bildungsträger

Zahlreiche Bildungseinrichtungen und Institutionen bieten **Betriebsräteseminare** an. Dazu gehören die Gewerkschaften oder ihnen nahestehende Veranstalter. Die Einzelgewerkschaften und der DGB haben eigene Bildungszentren. Darüber hinaus veranstalten die Arbeitnehmerkammern, der Verein »Arbeit und Leben«, die Berufsgenossenschaften oder Akademien Betriebsräteseminare. Außerdem bieten private Veranstalter Betriebsräteseminare an, die wenig oder keine gewerkschaftliche Anbindung haben.

Arbeitgeber sind gesetzlich verpflichtet, die Kosten für die Teilnahme an Betriebsräteseminaren nach § 37 Abs. 6 BetrVG zu übernehmen. Manche Betriebsräte machen die Erfahrung, dass ihr Arbeitgeber sich bei dem Besuch von privaten Bildungsträgern großzügiger zeigt als bei der Auswahl gewerkschaftlicher Anbieter. Die Entscheidung, welches Seminar bei welchem Veranstalter besucht wird, liegt in erster Linie beim Betriebsrat selbst.

Auswahlkriterien

Betriebsratsmitglieder fragen

Es ist nicht einfach, aus der Fülle an Bildungsveranstaltungen die **passende Bildungsveranstaltung** zu finden. Hier können Kollegen und Kolleginnen weiterhelfen, die schon länger im Betriebsrat sind. Ansonsten kann man sich bei seiner Gewerkschaft informieren oder in deren Bildungsprogramm schauen. Es empfiehlt sich, gerade für Grundlagenschulungen Seminare der eigenen Gewerkschaft zu besuchen. Denn dort besteht – wie sonst nirgends – die Gelegenheit, sich mit Betriebsräten aus anderen Betrieben derselben Branche auszutauschen. Auch die Referenten und Referentinnen kennen die branchenspezifischen Besonderheiten und die einschlägigen Tarifverträge. Private Bildungsträger haben diesen Hintergrund nicht. Bei der Auswahl der Schulungsträger empfiehlt es sich deshalb, darauf zu achten, dass sich die **Wissensvermittlung an den praktischen Bedürfnissen** der Betriebsratsarbeit orientiert. Diesen Anspruch erfüllen am besten **gewerkschaftliche bzw. gewerkschaftsnahe Anbieter**. Das Bundesarbeitsgericht hat in seiner Entscheidung vom 28.6.1995 zutreffend festgestellt, dass die gemeinsame Gewerkschaftszugehörigkeit eher zu einem Klima des Vertrauens beiträgt, das sich günstig auf den **Schulungserfolg** auswirkt.[1]

Dann und wann bietet sich die Durchführung einer Inhouse-Schulung an, wenn der Betriebsrat mit einem Problem beschäftigt ist, das speziell in seinem Betrieb ansteht und für das dringender Schulungsbedarf besteht. Mit der zuständigen Einzelgewerkschaft und/oder einer Expertin bzw. einem Experten kann eine sogenannte Inhouse-Schulung durchgeführt werden, an der nur die Betriebsratsmitglieder des eigenen Betriebes teilnehmen, damit für das aktuelle betrieb-

1 BAG v. 28.6.1995 – 7 ABR 55/94 – AiB 1995, 731.

liche Problem spezifisches Know-how vermittelt wird und zielgerechte Lösungen und Strategien erarbeitet werden können.[2]

Ein Vorteil von Inhouse-Schulungen ist, dass alle Betriebsratsmitglieder daran teilnehmen können. Zu bedenken ist, dass Betriebsratsmitglieder nach einer Inhouse-Schulung nicht kurz darauf eine externe inhaltsgleiche Schulung besuchen können, weil sie die Inhouse-Schulung verpasst haben. Das ArbG Frankfurt begründet dies damit, dass ansonsten Betriebsratsmitglieder jederzeit Inhouse-Schulungen meiden und stattdessen zu einem späteren Zeitpunkt externe Schulungen besuchen könnten. Für die dadurch entstehenden höheren Kosten ist der Arbeitgeber nicht zahlungspflichtig.[3]

3. Bildungsbedarf ermitteln!

Seminarbesuche planen

Es empfiehlt sich, den Besuch von Seminaren nicht dem Zufall oder allein den Vorlieben der einzelnen Betriebsratsmitglieder zu überlassen. Der Betriebsrat sollte Seminarbesuche planen. Idealerweise erarbeitet er gleich nach der Betriebsratswahl einen Schulungsplan.[4] Dabei kann er bestimmte Mitglieder und Bildungsinhalte auf die Prioritätenliste setzen. Im weiteren Verlauf der Amtszeit können ohnehin weitere Schulungsbedarfe durch neue Anforderungen im Betrieb entstehen.

Grundlagenseminare für neue Betriebsratsmitglieder

Erstmals gewählte **Betriebsratsmitglieder** benötigen Grundkenntnisse, die in Grundlagenseminaren speziell für neue Mandatsträger vermittelt werden. Jedes neue Betriebsratsmitglied sollte **Grundlagenseminare** besuchen. Ansonsten kann schnell eine Situation entstehen, die ungeschulte und weniger erfahrene Betriebsratsmitglieder ins Hintertreffen geraten lässt. Selbst für langjährige Betriebsratsmitglieder kann der Besuch von Grundlagenseminaren sinnvoll sein, wenn ihre Seminarbesuche schon lange zurückliegen.

Der Schulungsbedarf des Betriebsrats hängt von seiner Zusammensetzung und seiner Aufgabenstellung ab. Zu Beginn der Amtszeit lässt sich der Bildungsbedarf nur ansatzweise ermitteln. Viele betriebliche Anforderungen, für die der Betriebsrat Spezialkenntnisse benötigt, ergeben sich erst später. Genauso wird erst im Laufe der Zeit erkennbar, womit der Betriebsrat schwerpunktmäßig zu tun hat und wo **Bildungsdefizite** liegen.

---

2 Diese Form der Schulung nach § 37 Abs. 6 BetrVG bestätigt durch LAG Berlin v. 28.9.1992, AuR 1993, 87.

3 ArbG Frankfurt v. 18.6.2020 – 26 BV 559/19 – juris.

4 Checkliste Bildungsplan bei *Eberhardt/Stoppkotte*, AiB 2/2024, 21 ff.

Zu unterscheiden sind Grundlagenseminare, die jedes Betriebsratsmitglied besuchen sollte und Spezialseminare, bei denen zu klären ist, wie viele und welche Betriebsratsmitglieder dorthin entsandt werden sollen.[5]

4. Bildung und Schulung für jedes Betriebsratsmitglied!

Es ist ratsam, alle Betriebsratsmitglieder zu schulen. Möglicherweise kollidieren Interessen einzelner Mitglieder oder es stellt sich heraus, dass immer die gleichen Personen an Seminaren teilnehmen möchten, während andere kein Interesse anmelden. **Mindestkenntnisse** benötigt jedes Mitglied. Hier sollte der Betriebsrat eine **Entsendungspolitik** entwickeln, die sich **an den Bedürfnissen des Gremiums und seiner Mitglieder** orientiert. Wer keine Schulungen besucht, beteiligt sich erfahrungsgemäß weniger aktiv an der Betriebsratsarbeit. Eine solide und kollegiale **Schulungsplanung** kann für Abhilfe sorgen.[6] In der Angebotsvielfalt lassen sich durchaus Seminare für unterschiedliche Bedürfnisse finden.

Schulung für alle

Entsprechend sind die dafür geeigneten Personen auszuwählen. Schulungen sollten nicht nur Betriebsratsvorsitzende und Stellvertreter bzw. Stellvertreterinnen besuchen. Sowohl der **Nachholbedarf** anderer Betriebsratsmitglieder wie auch die **Motivation** zu aktiver Mitarbeit sind zu berücksichtigen.

Die **Lebensumstände** der Betriebsratsmitglieder sind unterschiedlich. Während es für einige kein Problem bereitet, ein mehrtägiges Seminar in einer weit entfernten Bildungseinrichtung zu besuchen, ist dies für andere mit einem enormen organisatorischen Aufwand verbunden.

Beispiel

Carina Müller ist alleinerziehende Mutter einer vierjährigen Tochter. Sie hat bisher kein Interesse an einer Seminarteilnahme geäußert, weil sie niemanden hat, der ihre Tochter während ihrer Abwesenheit betreuen könnte. Sie merkt jedoch, dass ihr bei vielen Fragen das nötige Wissen fehlt, während andere Betriebsratskollegen und -kolleginnen wesentlich souveräner mit

5 Darstellung eines Praxisbeispiels *Beyers-Peters*, AiB 2000, 254 ff.

6 Zur Bildungsbereitschaft vgl. *Esser*, AiB 1999, 63 ff.

Betriebsratsthemen umgehen. Deshalb entscheidet sie sich doch zu einem Seminarbesuch. Sie sucht einen Grundlagenkurs bei einer Bildungseinrichtung, die Kinderbetreuung anbietet.

Seminare für Mitglieder mit familiären Verpflichtungen

Betriebsratsmitglieder mit familiären Verpflichtungen haben es häufig schwer, an Seminaren teilzunehmen. Selbst wenn der Seminarbesuch für Einzelne mit organisatorischen Schwierigkeiten verbunden ist, sollte das Gremium die betreffenden Betriebsratsmitglieder ermutigen und bei Schulungsentscheidungen berücksichtigen. Es können beispielsweise Seminare ausgewählt werden, die die **Teilnahme erleichtern** – z. B. Seminare in der näheren Umgebung oder kurze Seminare. Aber auch die Teilnahme an einem mehrtägigen, auswärtigen Seminar lässt sich organisieren. Nach der Entscheidung des Bundesarbeitsgerichts vom 23. 6. 2010 muss der Arbeitgeber für alleinerziehende Betriebsratsmitglieder die Kinderbetreuungskosten übernehmen, die ihnen während der Seminarteilnahme entstehen. Sollte die Teilnahme an einem auswärtigen mehrtägigen Seminar also mit Kosten für die Fremdbetreuung verbunden sein, hat der Arbeitgeber die dafür entstehenden Kinderbetreuungskosten im erforderlichen Umfang zu erstatten. Das Bundesarbeitsgericht hat diese Kosten als erstattungsfähige Aufwendungen anerkannt, weil sie durch die Betriebsratstätigkeit bedingt sind. Der Arbeitgeber muss zwar ansonsten Aufwendungen, die der persönlichen Lebensführung zuzuordnen sind, grundsätzlich nicht erstatten. Wenn diese aber, wie bei Kinderbetreuungskosten alleinerziehender Betriebsratsmitglieder, dadurch verursacht werden, dass sie die Betreuung minderjähriger Kinder für Zeiten sicherstellen, in denen Betriebsratsmitglieder außerhalb ihrer persönlichen Arbeitszeit Betriebsratsaufgaben wahrzunehmen haben, ist der Arbeitgeber zur Kostenübernahme nach § 40 Abs. 1 BetrVG verpflichtet.[7]

5. Bildungsrechte nutzen!

Für die Betriebsratsarbeit sind eine Reihe spezifischer Fähigkeiten erforderlich. Um gegenüber dem Arbeitgeber **Durchsetzungsstrategien** zu entwickeln, reicht »learning by doing« allein nicht aus.[8] Der Betriebsrat muss seine rechtlichen Möglichkeiten kennen lernen und sich in der betrieblichen Praxis damit vertraut machen. Dafür ist der Besuch von Betriebsräteseminaren unverzichtbar. Nur so können die nötigen Sachkenntnisse erworben und **Einflusspotenziale** genutzt werden.

7 BAG v. 23. 6. 2010 – 7 ABR 103/08 – NZA 2010, 1298.

8 HessLAG v. 6. 11. 2023 – 16 TaBVGa 179/23 – NZA-RR 2024, 223.

Kompetenz aneignen

Schulung und Fortbildung sind angesichts komplizierter und umfangreicher Betriebsratsaufgaben nicht nur nützlich, sondern geradezu geboten. Der rasante Wandel der Arbeitswelt mit seinen technologischen und systemischen Folgen und mit häufigen Umstrukturierungen verändert nicht nur die Schwerpunkte der betrieblichen Interessenvertretung. Heute kommt es auch auf strategisches und **konzeptionelles Handeln** an. **Soziale Kompetenzen** und Kenntnisse **digitalisierter Prozesse** sind wichtige Faktoren für die Betriebsratsarbeit.[9] Spezialwissen und Sachkompetenz sind das Handwerkszeug für die Arbeitnehmervertretung, um dem Arbeitgeber als ernstzunehmender Verhandlungspartner gegenüberzutreten.

In dieser Broschüre werden häufig Problemfälle im Zusammenhang mit Seminarbesuchen dargestellt. Ein Konflikt um die Seminarteilnahme kann entstehen, wenn der Arbeitgeber die Seminarteilnahme im Einzelfall ablehnt oder Seminarbesuche prinzipiell unterbinden will, um Kosten zu sparen oder einen »informierten« Betriebsrat zu verhindern oder beides. Wenn ein Konflikt mit dem Arbeitgeber über eine Seminarteilnahme entsteht, ist es umso wichtiger zu wissen, welche Durchsetzungsmöglichkeiten dem Betriebsrat zur Verfügung stehen oder ob er seine Entscheidung überdenken muss.

9 Zur Qualifizierung von Betriebsräten in der digitalisierten und automatisierten Arbeitswelt s. *Rieke*, AiB 7–8/2023, 19 ff.

II. § 37 Abs. 6 und Abs. 7 BetrVG und die Unterschiede

Schulung = Betriebsratsarbeit

Das Betriebsverfassungsgesetz räumt dem Betriebsrat mit § 37 Abs. 6 und 7 das Recht auf Fort- und Weiterbildung ein. Die Teilnahme an Schulungs- und Bildungsveranstaltungen ist Betriebsratstätigkeit. Die Voraussetzungen und Rahmenbedingungen der Seminarteilnahme nach § 37 Abs. 6 und Abs. 7 BetrVG unterscheiden sich erheblich.

§ 37 Abs. 6 BetrVG lautet im Wortlaut:

»Die Absätze 2 und 3 gelten entsprechend für die Teilnahme an Schulungs- und Bildungsveranstaltungen, soweit diese Kenntnisse vermitteln, die für die Arbeit des Betriebsrats erforderlich sind. Betriebsbedingte Gründe im Sinne des Absatzes 3 liegen auch vor, wenn wegen Besonderheiten der betrieblichen Arbeitszeitgestaltung die Schulung des Betriebsratsmitglieds außerhalb seiner Arbeitszeit erfolgt; in diesem Fall ist der Umfang des Ausgleichsanspruchs unter Einbeziehung der Arbeitsbefreiung nach Absatz 2 pro Schulungstag begrenzt auf die Arbeitszeit eines vollzeitbeschäftigten Arbeitnehmers. Der Betriebsrat hat bei der Festlegung der zeitlichen Lage der Teilnahme an Schulungs- und Bildungsveranstaltungen die betrieblichen Notwendigkeiten zu berücksichtigen. Er hat dem Arbeitgeber die Teilnahme und die zeitliche Lage der Schulungs- und Bildungsveranstaltungen rechtzeitig bekannt zu geben. Hält der Arbeitgeber die betrieblichen Notwendigkeiten für nicht ausreichend berücksichtigt, so kann er die Einigungsstelle anrufen. Der Spruch der Einigungsstelle ersetzt die Einigung zwischen Arbeitgeber und Betriebsrat.«

Aus § 37 Abs. 6 BetrVG ergibt sich Folgendes:

§ 37 Abs. 6 BetrVG

- Die **Teilnahme** an Schulungs- und Bildungsveranstaltungen nach § 37 Abs. 6 BetrVG muss für die Betriebsratsarbeit **erforderlich** sein.
- Über die Teilnahme eines Betriebsratsmitglieds an einem Seminar nach § 37 Abs. 6 BetrVG entscheidet der Betriebsrat durch **wirksamen Beschluss.**
- Welches Betriebsratsmitglied an einem Seminar nach Absatz 6 teilnimmt, entscheidet der Betriebsrat ebenfalls per **Beschluss.**
- Der Betriebsrat hat bei der Entscheidung über den Termin des Seminarbesuchs auf betriebliche Notwendigkeiten Rücksicht zu nehmen.
- Der Betriebsrat muss den Arbeitgeber rechtzeitig vor dem Seminarbesuch über die Seminarteilnahme informieren.

Hat der Betriebsrat die Seminarteilnahme nach § 37 Abs. 6 BetrVG wirksam beschlossen, benötigen die entsandten Betriebsratsmitglieder keine Zustimmung bzw. Erlaubnis des Arbeitgebers, um an dem Seminar teilnehmen zu dürfen. Meinungsverschiedenheiten über die Frage, ob der Besuch des Seminars erforderlich und der Arbeitgeber deshalb verpflichtet ist, das jeweilige Betriebsratsmitglied unter Fortzahlung des Entgelts freizustellen und die sonstigen anfallenden Seminarkosten zu übernehmen, können im arbeitsgerichtlichen Beschlussverfahren geklärt werden.

- Das zu einem Seminar per Betriebsratsbeschluss entsandte Betriebsratsmitglied wird **von der Arbeit freigestellt.**
- Es entstehen **keine Verdiensteinbußen.** Der Arbeitgeber ist verpflichtet, das Entgelt während der Dauer des Seminars fortzuzahlen.
- Sonstige Kosten, die mit der Seminarteilnahme verbunden sind wie Seminargebühren und Reisekosten, **trägt der Arbeitgeber** ebenfalls.
- **Teilzeitbeschäftigte** Betriebsratsmitglieder und Betriebsratsmitglieder in **roulierenden Arbeitszeitsystemen** haben einen **Ausgleichsanspruch** für den in ihrer arbeitsfreien Zeit anfallenden Schulungsaufwand.

§ 37 Abs. 7 BetrVG lautet im Wortlaut:

> »Unbeschadet der Vorschriften des Absatzes 6 hat jedes Mitglied des Betriebsrats während seiner regelmäßigen Amtszeit Anspruch auf bezahlte Freistellung für insgesamt drei Wochen zur Teilnahme an Schulungs- und Bildungsveranstaltungen, die von der zuständigen obersten Arbeitsbehörde des Landes nach Beratung mit den Spitzenorganisationen der Gewerkschaften und der Arbeitgeberverbände als geeignet anerkannt sind. Der Anspruch nach Satz 1 erhöht sich für Arbeitnehmer, die erstmals das Amt des Betriebsratsmitglieds übernehmen und auch nicht zuvor Jugendvertreter waren, auf vier Wochen. Absatz 6 Satz 2 bis 6 findet Anwendung.«

Aus § 37 Abs. 7 BetrVG ergibt sich Folgendes:

§ 37 Abs. 7 BetrVG

- Jedes Betriebsratsmitglied hat einen Anspruch auf bezahlte Freistellung zur Teilnahme an solchen Schulungs- und Bildungsveranstaltungen, die die zuständige oberste Arbeitsbehörde des Landes **als geeignet anerkannt** hat.
- Der Schulungsanspruch umfasst während einer Amtszeit insgesamt **drei Wochen.**
- **Neue Betriebsratsmitglieder** haben einen um eine weitere Woche verlängerten Schulungsanspruch – also insgesamt **vier Wochen.**
- Jedes Betriebsratsmitglied kann **selbst wählen,** welches als »geeignet« anerkannte Seminar es besuchen möchte.

- Das Betriebsratsmitglied hat wie nach § 37 Abs. 6 BetrVG einen Anspruch auf bezahlte Freistellung. Ansonsten trifft den Arbeitgeber für die übrigen Kosten, die durch die Seminarteilnahme entstehen, **keine Kostentragungspflicht.**
- **Teilzeitbeschäftigte** Betriebsratsmitglieder und Betriebsratsmitglieder in **roulierenden Arbeitszeitsystemen** haben einen **Ausgleichsanspruch** für den auf ihrer arbeitsfreien Zeit anfallenden Schulungsaufwand.

Selbstständige Bildungsansprüche

Die Bildungsrechte nach § 37 Abs. 6 und 7 BetrVG stehen selbstständig nebeneinander. Wer z. B. in der laufenden Amtszeit bereits drei Seminare nach Absatz 6 besucht hat, darf auch seinen Bildungsanspruch nach Absatz 7 ausschöpfen. Auch ein behördlich als **geeignet** anerkanntes Seminar nach Absatz 7 kann erforderliches Wissen vermitteln, so dass in dem Fall doch die Kosten nach Absatz 6 erstattungsfähig sind. Das sollte der Betriebsrat bei seiner Beschlussfassung bereits berücksichtigen und dem Arbeitgeber entsprechend mitteilen.

Nicht alle Einzelheiten der Schulungsansprüche nach § 37 Abs. 6 und nach Abs. 7 BetrVG ergeben sich unmittelbar aus dem Wortlaut des Gesetzes. Vieles ist umstritten bzw. nicht abschließend geklärt. Vieles ergibt sich aus der Rechtsprechung der Arbeitsgerichte – insbesondere des **Bundesarbeitsgerichts** (BAG). Die Einzelheiten werden in den folgenden Kapiteln dargestellt.

III. Die Seminarteilnahme nach § 37 Abs. 6 BetrVG

In der Betriebsratspraxis stehen die Seminarteilnahmen nach § 37 Abs. 6 BetrVG im Vordergrund. Der Arbeitgeber hat für den Seminarbesuch nach § 37 Abs. 6 BetrVG die Seminarkosten gem. § 40 Abs. 1 BetrVG zu tragen, wenn die Seminarteilnahme **erforderlich** ist.

1. Erforderlichkeit der Seminarteilnahme

Konkrete Verhältnisse im Betrieb

Unter welchen Bedingungen eine Seminarteilnahme **erforderlich** ist, lässt sich nicht dem Gesetzestext entnehmen. Allein die Auswahl einer Veranstaltung mit betriebsratsspezifischer Themenstellung macht die Seminarteilnahme nicht erforderlich. Für die Erforderlichkeit nach § 37 Abs. 6 BetrVG müssen weitere Kriterien erfüllt sein. Durch die Rechtsprechung des BAG ist ein **Anforderungskatalog** für die Erforderlichkeit entstanden. Danach sind nicht nur die Schulungsinhalte ausschlaggebend. Der Betriebsrat muss vielmehr prüfen, ob die Wissensvermittlung unter Berücksichtigung der **konkreten Verhältnisse im Betrieb und im Betriebsrat** notwendig ist, damit er seine aktuellen oder in naher Zukunft anstehenden Aufgaben sach- und fachgerecht erfüllen kann.[10]

Anforderungen an Seminare nach § 37 Abs. 6 BetrVG

Die Erforderlichkeit ist im Einzelfall an folgenden Kriterien zu messen:

- Schulungsinhalt bezogen auf die betriebliche Situation:
  Welche Aufgaben und Probleme stellen sich dem Betriebsrat aktuell oder in absehbarer Zeit? Benötigt er zu den anstehenden Problemen eine Schulung?
- Die Auswahl des Betriebsratsmitglieds:
  Welche Vorkenntnisse hat der Kollege bzw. die Kollegin; welche Seminare hat er oder sie in der Vergangenheit besucht; ist er oder sie im Betriebsrat mit einer Spezialaufgabe befasst?
- Der Entsendungszeitpunkt:
  Ist das Betriebsratsmitglied im Betrieb abkömmlich oder stehen der Seminarteilnahme betriebliche Notwendigkeiten entgegen?

10 St. Rspr. seit BAG v. 9.10.1973 – 1 ABR 6/73 – AP Nr. 4 zu § 37 BetrVG 1972; BAG v. 6.11.1973 – 1 ABR 26/73 – AP Nr. 6 zu § 37 BetrVG 1972; BAG v. 7.9.1974 – 1 ABR 71/73 – AP Nr. 18 zu § 37 BetrVG 1972; vgl. zuletzt 17. 11. 2021 – 7 ABR 27/20 – NZA 2022, 564; BAG v. 7. 2. 2024 – 7 ABR 8/23 – NZA 2024, 767.

- Die Art der Veranstaltung:
  Sind die Dauer der Veranstaltung und die Form der Wissensvermittlung angemessen?

Allein das Thema einer Schulung reicht für die Beurteilung der Erforderlichkeit nicht aus. Von einer erforderlichen Schulungs**veranstaltung** nach § 37 Abs. 6 BetrVG kann deshalb kaum gesprochen werden, sondern nur von einer erforderlichen Schulungs**teilnahme,** weil es stets auf die individuelle Situation des Betriebsrats und des entsandten Betriebsratsmitglieds ankommt.

Bestreitet der Arbeitgeber die Erforderlichkeit einer Schulungsmaßnahme und wird deshalb ein Beschlussverfahren vor dem Arbeitsgericht geführt, ist der Betriebsrat verpflichtet, die Erforderlichkeit darzulegen. Dazu gehören auch die konkreten betrieblichen Verhältnisse, die ihn veranlassen, sich mit der jeweiligen Thematik zu beschäftigen.[11]

Entscheidungskompetenz

§ 37 Abs. 6 BetrVG gewährt nicht dem einzelnen Betriebsratsmitglied Schulungsrechte, sondern dem Betriebsrat als Gremium. Das einzelne Betriebsratsmitglied kann nicht eigenständig für sich und ohne Absprache mit dem Gremium eine Veranstaltung auswählen. Solch ein individuelles Wahlrecht ist den Schulungsmaßnahmen nach § 37 Abs. 7 BetrVG vorbehalten. Erst wenn das Gremium die Seminarteilnahme für ein bestimmtes Mitglied beschlossen hat, entsteht ein aus dem Kollektivbeschluss abgeleiteter Individualanspruch.[12] Die **Entscheidungshoheit** liegt somit beim Betriebsrat. Das schließt nicht aus, dass sich die an einer Schulungsmaßnahme interessierten Betriebsratsmitglieder an der Auswahl beteiligen, bestimmte Seminare selbst vorschlagen und an der Beschlussfassung mitwirken.[13]

Unmittelbar nutzbares Wissen

Die bezahlte Freistellung sowie die Erstattung der Schulungs- und Reisekosten nach § 37 Abs. 6 BetrVG setzen voraus, dass in der Schulung **Kenntnisse** vermittelt werden, die für die Betriebsratsarbeit erforderlich sind. Unter inhaltlichen Gesichtspunkten gelten solche Veranstaltungen als erforderlich, die die Aufgaben des Betriebsrats betreffen. Die Wissensvermittlung muss für die Betriebsratsarbeit **unmittelbar nutzbar** gemacht werden können. Nach dieser Maßgabe kann grundsätzlich jede Thematik erforderlich sein, mit der der Betriebsrat im Betrieb befasst ist.

---

11 BAG v. 14.1.2015 – 7 ABR 95/12 – NZA 2015, 632; LAG Köln v. 19.4.2017 – 11 TaBV 57/16.

12 BAG v. 6.11.1973 – 1 ABR 8/73 – AP Nr. 5 zu § 37 BetrVG 1972; BAG v. 5.4.1984, AP Nr. 46 zu § 37 BetrVG 1972; BAG v. 15.5.1986 – 6 ABR 74/83 – AP Nr. 53 zu § 37 BetrVG 1972; BAG v. 16.10.1986 – 6 ABR 14/84 – AP Nr. 58 zu § 37 BetrVG 1972; BAG v. 20.8.2014 – 7 ABR 64/12 – NZA 2014, 1349.

13 Fitting /Trebinger/Linsenmaier/Schelz/Schmidt (zukünftig: FTLSS), § 33 Rn. 37b.

1.1 Schulungsinhalte

Für die Erforderlichkeit einer Schulung nach § 37 Abs. 6 BetrVG ist nicht allein die Themenstellung ausschlaggebend. Grundsätzlich sind solche Schulungsinhalte nach § 37 Abs. 6 BetrVG zulässig, die Wissen vermitteln, das ein Betriebsratsmitglied für seine Betriebsratstätigkeit benötigt. Es muss um Themen gehen, die die Aufgaben des Betriebsrats betreffen. Das können rechtliche Themen sein oder Themen zu einzelnen Sachgebieten. Entscheidend ist, dass in dem Seminar Wissen vermittelt wird, das unter Berücksichtigung der konkreten Verhältnisse im Betrieb erforderlich ist. Diese strengen Anforderungen gelten allerdings nicht für Grundlagenseminare.

1.1.1 Grundlagenseminare

Die Rechtsprechung hat die **Erforderlichkeitsprüfung** für die Vermittlung von Grundlagenwissen erleichtert.[14] Die Gerichte unterscheiden zwischen Seminaren, die Grundlagenwissen vermitteln, und Spezialschulungen. Grundlagenseminare sind ohne besondere Begründung **für jedes Betriebsratsmitglied** erforderlich. Durch die Vermittlung von Grundwissen soll das Betriebsratsmitglied in die Lage versetzt werden, seine sich aus dem Betriebsratsamt ergebenden Rechte und Pflichten ordnungsgemäß wahrzunehmen. Daher kann jedes Betriebsratsmitglied zu einer Grundlagenschulung entsandt werden, ohne dass es auf die betriebliche Situation ankommt.[15]

Grundlagenseminare

Grundwissen

Grundlagenseminare sind für folgende Themenbereiche anerkannt:

- Grundkenntnisse des Betriebsverfassungsgesetzes,
- Grundkenntnisse des allgemeinen Arbeitsrechts,
- Grundkenntnisse der Arbeitssicherheit und der Unfallverhütung.[16]

Das BetrVG regelt für Mitglieder des Wirtschaftsausschusses keinen Schulungsanspruch. Es ist jedoch anerkannt, dass § 37 Abs. 6 BetrVG für sie entsprechend anzuwenden ist.[17] Nicht zu folgen ist der Rechtsprechung, die nur solchen

---

14 Vgl. BAG v. 25.4.1978, AP Nr. 33 zu § 37 BetrVG 1972; BAG v. 16.10.1986 – 6 ABR 14/84 – AP Nr. 58 zu § 37 BetrVG 1972; BAG v. 18.1.2012 – 7 ABR 73/10 – NZA 2012, 813.

15 BAG v. 20.8.1974 – 7 ABR 64/12 – NZA 2014, 1349; BAG v. 18.1.2012 – 7 ABR 73/10 – NZA 2012, 813.

16 BAG v. 15.5.1986 – 6 ABR 74/83 – AP Nr. 54 zu § 37 BetrVG 1972; BAG v. 18. 1. 2012 – 7 ABR 73/10 – NZA 2012, 326 (Arbeitssicherheit); BAG v. 16.10.1986 – 6 ABR 14/84 – AP Nr. 58 zu § 37 BetrVG 1972; zul. BAG v. 14.1.2015 – 7 ABR 95/12 – NZA 2015, 632 (allgemeines Arbeitsrecht); BAG v. 7.6.1989, AP Nr. 67 zu § 37 BetrVG 1972; zul. BAG v. 20.8.2014 – 7 ABR 64/12 – NZA 2014, 1349 (BetrVG).

17 DKW/*Wedde*, § 37 Rn. 149; FTLSS, § 37 Rn. 180.

Wirtschaftsausschussmitgliedern eine Schulung zugesteht, die auch dem Betriebsrat angehören.[18] Für die Arbeitsfähigkeit des Wirtschaftsausschusses sind Grundkenntnisse über Funktion und Rechte des Wirtschaftsausschusses unabhängig von einem Betriebsratsmandat erforderlich.

Angesichts der zunehmenden Digitalisierung der Arbeitswelt wird auch befürwortet, hiermit zusammenhängende Fragen dem erforderlichen Grundwissen zuzurechnen.[19]

Da alle Betriebsratsmitglieder Grundlagenseminare benötigen, kann es für Betriebsratsmitglieder ohne hinreichende Deutschkenntnisse erforderlich sein, eine Schulung in der Muttersprache zu besuchen. So entschied das Arbeitsgericht Berlin in einem Fall von zwei Betriebsratsmitgliedern in einem Unternehmen, das mit der Bewachung von U.S.-amerikanischen Liegenschaften beauftragt ist. Da die Betriebsratsmitglieder bei ihrer beruflichen Tätigkeit Englisch sprechen und auch im Betriebsrat juristische Sachverhalte in Englisch kommuniziert werden, hielt der Betriebsrat eine Inhouse-Schulung zum Betriebsverfassungsrecht in englischer Sprache für erforderlich, um auf diese Weise allen Betriebsratsmitgliedern Grundlagenwissen zu Teil werden zu lassen.[20] Im Zuge der zunehmenden Globalisierung der Arbeitswelt und der Beschäftigung von Menschen aus verschiedenen Herkunftsländern wird es kein Einzelfall sein, dass bei in Deutschland ansässigen Unternehmen Englisch statt Deutsch die vorherrschende Sprache ist.

Für die Arbeit im Betriebsrat reicht der Besuch von Grundlagenseminaren nicht aus. Nach der Teilnahme an Grundlagenseminaren kann das Betriebsratsmitglied Schulungen nach § 37 Abs. 6 BetrVG besuchen, die in Grundlagenseminaren zwar thematisiert, aber nicht vertiefend behandelt wurden. Das betrifft Seminare zu bestimmten Mitbestimmungsrechten, wenn diese Wissen vermitteln, die über Grundzüge hinausgehen und der Wissensvertiefung und Wissenserweiterung dienen.[21]

Der Betriebsrat soll der Geschäftsleitung mit Sach- und Fachkunde als ebenbürtiger, **gleichgewichtiger Gesprächs- und Verhandlungspartner** gegenübertreten können. Dies spiegelt sich in den §§ 80 Abs. 2 u. 3, 107 Abs. 3, 37 Abs. 6

18 BAG v. 6. 11. 1973 – 1 ABR 8/73 – AP Nr. 5 zu § 37 BetrVG 1972; BAG v. 11. 11. 1998 – 7 AZR 491/97 – AP Nr. 129 zu § 37 BetrVG 1972; LAG Hamm v. 13.10.1999 – 3 TaBV 44/99 –, NZA-RR 2000, 641; LAG Köln v. 1. 12. 2008 – 5 TaBV 45/08.

19 FTLSS, § 37 Rn. 144.

20 ArbG Berlin v. 3. 3. 2011 – 24 BV 15046/10 – juris.

21 LAG v. Köln 12. 4. 1996 – 11 (13) TaBV 83/95; LAG Hamm v. 16. 5. 2012 – 10 TaBV 11/12 – juris.

u. 7, 31 BetrVG wider. Wenn das Gesetz dem Betriebsrat prinzipiell die gleichen Durchsetzungschancen eröffnen will wie dem Arbeitgeber, müssen **strukturelle Nachteile** auf Arbeitnehmerseite ausgeglichen werden. Das fängt mit Grundlagenwissen für jedes Betriebsratsmitglied an. Der weitere Bildungsbedarf ist daran zu messen, »intellektuelle Waffengleichheit«[22] zwischen Arbeitgeber und Betriebsrat zu erzielen.

Rhetorikseminare

Durchsetzungsvermögen hängt ganz wesentlich von rhetorischen Fertigkeiten und geschicktem Auftreten ab. Das wissen auch die Arbeitgeber. Nicht ohne Grund lassen sie viele Führungskräfte in **Redetechnik** und **Verhandlungsführung** »coachen«. Die Einübung rhetorischer Fertigkeiten hilft auch Betriebsratsmitgliedern, ihre Verhandlungsposition zu verbessern. Auf diesem Erkenntnisstand bewegen sich bisher nur wenige Gerichte, wenn es um die Erforderlichkeit von Rhetorikseminaren geht. Die Erforderlichkeit von Rhetorikseminaren für **Betriebsratsvorsitzende oder Stellvertreter** wird zwar weitestgehend akzeptiert.[23] Für alle übrigen Betriebsratsmitglieder wird sie aber immer noch abgelehnt, wenn nicht begründet werden kann, dass gerade das zu der Schulung entsandte Betriebsratsmitglied Rhetorikkenntnisse braucht, damit der Betriebsrat seine gesetzlichen Aufgaben sach- und fachgerecht wahrnehmen kann. Kenntnisse der Rhetorik sind nicht als Grundwissen anerkannt.[24] Die zögerliche Haltung der Rechtsprechung führt dazu, dass Betriebsratsmitglieder ihre kommunikativen Fähigkeiten nicht verbessern können, während rhetorische Durchsetzungstechniken auf Arbeitgeberseite verfeinert und gezielt trainiert werden.[25] Ob die in dieser Frage restriktive Rechtsprechung sich langfristig halten kann, bleibt abzuwarten. Noch aber wird die Einübung rhetorischer Fähigkeiten nicht dem Grundlagenwissen zugerechnet.[26]

Nach der früheren Rechtsprechung des BAG wurde Rhetorik noch nicht einmal als geeigneter Schulungsgegenstand gem. § 37 Abs. 7 BetrVG bewertet.[27] In dieser Hinsicht hat sich die Rechtsprechung etwas weiterentwickelt. Das LAG Schleswig-Holstein erkannte – abweichend vom BAG – in einer Entscheidung vom 4.12.1990 die *Erforderlichkeit* einer Schulungsveranstaltung zum Thema

---

22 Dazu DKW/*Wedde*, § 37 Rn. 105 ff.; FTLSS, § 37 Rn. 142.

23 BAG v. 12.1.2011 – 7 ABR 94/09 – NZA 2011, 813.

24 LAG Schleswig-Holstein v. 17.3.2009 – 2 TaBV 36/08 – AuA 2009, 610; LAG Hamm v. 14.8.2009 – 10 TaBV 193/08 – juris; LAG Hamm v. 13.3.2009 – 13TaBV 144/08 – dbr 2010, 7/36; ArbG Frankfurt v. 29.6.2022 – 9 BV 284/21 – juris.

25 Davon ausgehend BAG v. 20.11.1993, AP Nr. 91 zu § 37 BetrVG 1972.

26 Zu diesem Problem auch *Wedde*, AiB 1995, 532.

27 BAG v. 6.11.1973 – 1 ABR 26/73 – AP Nr. 6 zu § 37 BetrVG 1972; BAG v. 15.8.1978 – 6 ABR 65/76 (unveröffentl.).

»Gesprächs-, Diskussions- und Verhandlungsführung in der Betriebsratsarbeit« an. Die Erforderlichkeit wurde wörtlich folgendermaßen begründet:

> *»Betriebsratsmitglieder müssen in der Lage sein, Meinungsbildungsprozesse zu beeinflussen, unter Umständen sogar zu organisieren, an denen zahlreiche Personen beteiligt sein können, und Konfliktmanagement auf sehr verschiedenen Ebenen zu betreiben. Auf Arbeitgeberseite stehen ihnen typischerweise Personen gegenüber, zu deren Alltagsgeschäft es gehört, im Gespräch mit anderen ihre Interessen durchzusetzen, und die oft speziell dafür geschult sind. (...) Wie jedes Betriebsratsmitglied allgemeine Grundkenntnisse des Betriebsverfassungsrechts benötigt, benötigt jedes Betriebsratsmitglied Grundwissen darüber, wie es die Anliegen der von ihm Vertretenen bei Gesprächen, Diskussionen und Verhandlungen im Rahmen der Betriebsratsarbeit am wirksamsten zur Geltung bringt.«*[28]

Nach aktueller Rechtsprechung des BAG werden Rhetorik-Seminare wenigstens für **Betriebsratsmitglieder in herausgehobener Stellung** – also für Betriebsratsvorsitzende und deren Stellvertreter bzw. Stellvertreterinnen – für erforderlich erachtet.[29] Für die betriebliche Praxis geht dies nicht weit genug. Denn der Bildungsanspruch steht dem Gremium kollektiv zu und bevorzugt nicht Einzelne. Für die Durchsetzungsfähigkeit des Betriebsrats ist es förderlich, wenn alle Mitglieder kompetent und selbstbewusst auftreten können.

Im Übrigen spielen kommunikative Fähigkeiten nicht nur in der konkreten Verhandlungssituation eine Rolle. Sie sind auch im **betrieblichen Alltag** wichtig. Schließlich müssen Betriebsratsmitglieder im direkten Kontakt mit den Kollegen und Kolleginnen den »richtigen Ton« finden, informieren, zuhören, beraten und vermitteln und in Betriebsversammlungen auftreten können.

Soziale Kompetenz

Kommunikation

Soziale Kompetenz wird immer bedeutender. Der Betriebsrat muss mit **Interessenmanagement** überzeugen, das nach beiden Seiten Kompetenz ausstrahlt. Diesen Zuwachs an Anforderungen können Betriebsratsvorsitzende und Stellvertreter bzw. Stellvertreterinnen nicht im Alleingang meistern. **Moderne Betriebsratsarbeit** ist dadurch gekennzeichnet, dass alle Mitglieder kommunikativ handeln und Konflikte moderieren können. Damit beteiligungsorientierte Strukturen in der Betriebsratsarbeit nachvollzogen werden, sollten sich alle Mitglieder mit dem Thema »Kommunikation« als Mittel des Interessenmanagements vertraut machen. Die Privilegierung von Funktionsträgern ist nicht nur überholt,

28 LAG Schleswig-Holstein v. 4.12.1990, AiB 1991, 199.

29 Vgl. BAG v. 15.2.1995, AP Nr. 106 zu § 37 BetrVG 1972; BAG v. 24.5.1995, AP Nr. 109 zu § 37 BetrVG 1972; BAG v. 12.1.2011 – 7 ABR 94/09 – NZA 2011, 813.

sie wirkt auch auf die übrigen Mitglieder demotivierend. Der Entscheidung des LAG Schleswig-Holstein ist zuzustimmen, dass Kommunikationstraining und die Einweisung in die *Moderatorenrolle* zum Repertoire der Grundkenntnisse gehören.[30] Es bleibt zu hoffen, dass sich weitere Gerichte dieser Auffassung anschließen. Der Betriebsrat sollte im Fall einer gerichtlichen Auseinandersetzung mit der Argumentation des LAG Schleswig-Holstein versuchen, die Teilnahme an einem Rhetorikseminar zu begründen.

Das BAG verlangt in ständiger Rechtsprechung, dass die Erforderlichkeit der Teilnahme an Spezial- und Fachseminaren nicht nur vom Inhalt bestimmt wird, sondern anhand der jeweiligen Gegebenheiten im Betrieb, im Betriebsrat, der betrieblichen Relevanz und des Kenntnisstandes der einzelnen Betriebsratsmitglieder. Demnach ist der Inhalt bzw. das Thema einer Schulung nur eines von mehreren Entscheidungskriterien. Darüber hinaus spielen die **jeweiligen Begleitumstände** des zu entscheidenden Falls eine Rolle. Insofern bieten die in der Kommentierung zu § 37 Abs. 6 BetrVG üblichen **»Positivlisten«** (s. dazu eine Themenübersicht in Anhang Nr. 1) weder gesicherte noch abschließende Hinweise für die Erforderlichkeit einer Schulung.

Erst unter **Berücksichtigung der konkreten Umstände im Betrieb und im Betriebsrat** lässt sich die Erforderlichkeit einer Schulungsteilnahme feststellen. Wenig Probleme bereiten Entscheidungen – wie gezeigt – für Schulungsmaßnahmen, die der Vermittlung von Grundlagenwissen dienen. Bei problematischeren Entsendungsbeschlüssen ist es für den Betriebsrat umso wichtiger, die Notwendigkeit einer Schulung mit **guten Argumenten** aus dem betrieblichen Zusammenhang heraus und mit dem Schulungsbedarf der jeweiligen Teilnehmer und Teilnehmerinnen darlegen zu können.

Überprüfen der Wissensbasis

Bei der Entsendung **langjähriger Betriebsratsmitglieder** zu Grundlagenseminaren ist mit dem Einwand zu rechnen, dass sich eine Schulung für sie erübrige, da sie in der Praxis bereits die nötigen Erfahrungen sammeln konnten.[31] Das LAG Hamm hielt sogar im Fall eines Betriebsratsvorsitzenden, der erst drei Jahre im Amt war, den Besuch eines Grundlagenseminars für nicht erforderlich.[32] Auch andere Gerichte vertreten die Auffassung, dass langjährige Betriebsratsmitglieder infolge der Beteiligungsverfahren nach §§ 99, 102 BetrVG durch »learning by doing« Grundkenntnisse des allgemeinen Arbeitsrechts erwerben.[33] Zuzustim-

30 Ebenso LAG Schleswig-Holstein v. 4.12.1990, AiB 1991, 199.

31 BAG v. 25.4.1978, AP Nr. 33 zu § 37 BetrVG 1972; differenzierter BAG v. 16.10.1986 – 6 ABR 14/84 – AP Nr. 58 zu § 37 BetrVG 1972; LAG Schleswig-Holstein v. 15.5.2007 – AZ: 5 TaBV 5/07 – juris.

32 LAG Hamm v. 20.10.2005 – 13 TaBV 70/05 – juris.

33 LAG Schleswig-Holstein v. 15.5.2007 – 5 TABV 5/07 – MDR 2007, 1143.

men ist der Auffassung anderer Gerichte, dass sich gewisse Fähigkeiten zwar »on the job« entwickeln mögen, aber dass diese nicht die Teilnahme an einer Schulung ersetzen können, in der sowohl rechtliches Wissen als auch arbeitsorganisatorische Kompetenzen und kommunikationspsychologische Kenntnisse vermittelt werden.[34] Schließlich muss es Betriebsratsmitgliedern möglich sein, ihr Erfahrungswissen auf rechtliche Richtigkeit hin überprüfen zu können oder sich Anregungen für andere als die bis dahin üblichen Handlungsoptionen zu holen. Die Schulungen nach § 37 Abs. 6 BetrVG dienen gerade dazu, vorhandene Kenntnisse zu systematisieren, dem Betriebsrat Einschätzungs- und Bewertungsmaßstäbe des Arbeitsrechts näher zu bringen und ihm den Zugang zu komplizierten Gesetzestexten oder der Kommentierung zu erleichtern.[35]

Auch das BAG geht nicht davon aus, dass ein Betriebsratsmitglied schon auf Grund der Dauer der Zugehörigkeit zum Betriebsrat ausreichende Kenntnisse im allgemeinen Arbeitsrecht erlangt. Der zugrundeliegende Fall betraf eine Betriebsrätin, die sich **im vierten Jahr ihrer Amtszeit** befand. Diese Zeitspanne ließ das BAG für sich genommen nicht ausreichen, um aus der während dieser Zeit ausgeübten Betriebsratstätigkeit schließen zu können, dass sie über erforderliches Grundwissen auf dem Gebiet des allgemeinen Arbeitsrechts erworben hat.[36]

Für ein neu gewähltes Betriebsratsmitglied ist ein Grundlagenseminar zum Betriebsverfassungsrecht, zum allgemeinen Arbeitsrecht sowie zur Arbeitssicherheit und Unfallverhütung erforderlich, auch wenn es zuvor Ersatzmitglied war und – wenn überhaupt – nur sporadisch zum Einsatz gekommen ist. Einschlägiges Erfahrungswissen kann im allgemeinen Arbeitsrecht bei nicht kontinuierlicher Tätigkeit nicht erworben werden. »Learning by doing« schließt sich unter solchen Bedingungen aus. Auch eine frühere Tätigkeit als Betriebsratsmitglied in den Jahren vor der Ersatzmitgliedschaft kann bei einer vierjährigen Unterbrechungszeit nicht herangezogen werden, um von einem langjährigen Erfahrungswissen auszugehen. Der Erwerb solcher Kenntnisse setzt gerade ein über mehrere Jahre sich erstreckendes, ununterbrochenes Wirken im Betriebsrat voraus.[37]

---

34 HessLAG v. 6. 11. 2023 – 16 TaBVGa 179/23 – juris; LAG Hamburg 13. 3. 2008 – 8 TaBV 14/07 – AiB 2009, 303.

35 ArbG Düsseldorf v. 3. 4. 2004, AiB 2004, 757.

36 BAG v. 19. 3. 2008 – 7 ABR 2/07 – juris. Allerdings berücksichtigte das BAG auch den Umstand, dass die Betriebsrätin vor ihrer Amtszeit als Schwerbehindertenvertrauensfrau bereits 10 Jahre im Amt war und dementsprechend auch an zahlreichen Betriebsratssitzungen vorher teilgenommen hatte und verwies die Sache zurück an die Vorinstanz.

37 LAG Hamm v. 16. 1. 2015 – 13 Sa 1046/14 – juris.

Wenn sich die Rechtslage durch **Gesetzesänderungen oder Gesetzesreformen** wie z. B. die Änderung des Betriebsverfassungsgesetzes im Jahr 2022 ändert, kann auch langjährigen Betriebsratsmitgliedern eine Schulung über Gesetzänderungen, die sich auf die Gebiete des klassischen Grundlagenwissens beziehen, nicht vorenthalten werden.

Vorhandene Vorkenntnisse sind zwar zu berücksichtigen, aber auch bei langjährig tätigen Betriebsratsmitgliedern kann nicht einfach unterstellt werden, dass sie während ihrer Amtszeit die vermittelten Kenntnisse auch tatsächlich erlangt haben.[38]

1.1.2 Spezialseminare

Spezialseminare

Für die Erforderlichkeit von Spezialseminaren – und dazu gehören grundsätzlich alle Themen, die nicht dem Grundlagenwissen zuzurechnen sind – ist die konkrete **betriebliche Situation** zu berücksichtigen. Die Wissensvermittlung soll dem Betriebsrat helfen, seine gegenwärtigen oder in naher Zukunft anstehenden Aufgaben sach- und fachgerecht erfüllen zu können.[39] Ein **greifbarer relevanter Anlass** im Betrieb oder für die Arbeit des Betriebsrats reicht aus. Es kommt nicht darauf an, dass über die betreffenden Fragen im Betrieb Meinungsverschiedenheiten bestehen. Auch die Anforderung an die Aktualität darf nicht überstrapaziert werden. Das Wissen muss nicht sofort benötigt werden. Es genügt, dass das Wissen voraussichtlich in absehbarer Zeit gebraucht wird.[40]

Betriebliche Situation

Auch eine **Konferenz** für Betriebs- und Personalräte eines Veranstalters mit einer großen Teilnehmerzahl kann u. U. eine Schulungsveranstaltung nach § 37 Abs. 6 BetrVG sein. In einem konkreten Fall gelangte das LAG Hamburg zu dieser Bewertung. Es begründet seine Auffassung damit, dass während der Konferenz durch Workshops eine individuelle Beziehung zwischen Lehrpersonen und Teilnehmenden möglich gewesen ist und sich die Veranstaltung nicht nur auf einen Erfahrungsaustausch der Teilnehmenden beschränkte, sondern diese auch dazu diente, einen bestimmten Wissensstand bei den Teilnehmenden herbeizuführen.[41]

Die Schulung zu einem Spezialthema ist für Betriebsratsmitglieder nicht erforderlich, wenn es zwar wegen Umsetzung einer Maßnahme des Arbeitgebers

38 LAG Schleswig-Holstein v. 3. 6. 2009 – 6 TaBV 55/08 – juris.

39 BAG v. 9. 10. 1973 – 1 ABR 6/73 – AP Nr. 4 zu § 37 BetrVG 1972.

40 BAG v. 20. 8. 2014 – 7 ABR 64/12 – NZA 2014, 1349; BAG v. 18. 1. 2012 – 7 ABR 73/10 – NZA 2012, 813.

41 LAG v. Hamburg v. 4. 12. 2012 – 4 TaBV 14/11 – juris.

einen aktuellen Anlass gibt, aber die Einführung und nähere Ausgestaltung Mitbestimmungsrechte des Gesamtbetriebsrats auslösen. Da sich originäre Mitbestimmungsrechte des Gesamtbetriebsrats und der Einzelbetriebsräte gegenseitig ausschließen, sind Schulungen nur für Mitglieder des originär zuständigen Gremiums erforderlich.[42]

Eigene Aktivitäten

Ob die Wissensvermittlung einer Schulungsveranstaltung nach § 37 Abs. 6 BetrVG perspektivisch benötigt wird, richtet sich nicht ausschließlich nach den geplanten Maßnahmen des Arbeitgebers. Der Betriebsrat ist nicht darauf beschränkt, nur auf die Planung des Arbeitgebers zu reagieren. Ihm steht es frei, für die **Umsetzung eigener Gestaltungsvorschläge** in sozialen, personellen und wirtschaftlichen Belangen Initiativen zu ergreifen. Somit kann eine Schulung auch im Hinblick auf die Aktivitäten erforderlich werden, die der Betriebsrat selbst plant.

Beispiel

Dem Betriebsrat ist bekannt, dass eine Reihe von Kollegen Alkoholprobleme haben. Er möchte Abhilfe schaffen und dem Arbeitgeber geeignete Gegenmaßnahmen vorschlagen. Um zu erfahren, wie das Problem angegangen werden kann und welche Regelungen sich für eine Betriebsvereinbarung empfehlen, entsendet der Betriebsrat zwei seiner Mitglieder zu einem Seminar »Alkohol am Arbeitsplatz – Der Umgang mit der Krankheit im Betrieb.«

Initiativrechte

Initiativrechte bestehen insbesondere im Rahmen der §§ 87, 92, 92a BetrVG und darüber hinaus auch nach §§ 80 Abs. 1 Nrn. 2, 8, 88, 89 BetrVG. Will der Betriebsrat von seinem Initiativrecht Gebrauch machen, kann er sich zu dem betreffenden Regelungskomplex schulen lassen, weil ein einschlägiges Seminar dadurch einen aktuellen betrieblichen Bezug erhält.[43] Selbst wenn der Betriebsrat nach Beendigung des Seminarbesuchs beschließt, seine ursprünglichen Pläne nicht weiter verfolgen zu wollen – z. B. weil sich das Vorhaben im Betrieb nicht umsetzen lässt oder weil andere Probleme zwischenzeitlich höhere Priorität haben –, ändert sich nichts an der Erforderlichkeit. Denn für die Entscheidung über die Seminarteilnahme kommt es darauf an, ob sie zum **Zeitpunkt der Entsendung** vor dem Hintergrund geplanter Maßnahmen erforderlich war.[44] Im Streitfall sind genau diese Umstände darzulegen.

---

42 LAG Rheinland-Pfalz v. 17.11.2016 – 7 TaBV 24/16 – ArbR 2017, 314; LAG Berlin-Brandenburg v. 20.4.2016 – 15 TaBV 52/16 – juris.

43 ArbG Bremen v. 17.12.2003 – 9 BV 81/03 – NZA-RR 2004, 538.

44 Vgl. in diesem Sinne LAG Düsseldorf v. 19.1.1977, Die Quelle 1977, 218; *Kittner*, Anm. zu BAG v. 6.11.1973, AP Nr. 5 zu § 37 BetrVG 1972.

Eine Übersicht der Schulungsthemen, die unter Berücksichtigung der betrieblichen Verhältnisse von den Gerichten als erforderlich im Sinne des § 37 Abs. 6 BetrVG anerkannt wurden, findet sich im Anhang Nr. 1.

1.1.3 Erforderlichkeit von »Vorratswissen«?

Aktive Betriebsratsarbeit

An den zuvor dargestellten Vorgaben der BAG-Rechtsprechung ist zu kritisieren, dass sie den tatsächlichen Anforderungen im Betrieb nicht gerecht werden. Es ist **unzureichend**, den Schulungsanspruch auf **aktuelle bzw. demnächst anstehende** Fragestellungen zu beschränken. Von einem Betriebsrat wird erwartet, dass er in der Lage ist, neue Probleme in dem Moment zu behandeln, in dem er mit ihnen konfrontiert wird. Erforderliches Wissen kann sich der Betriebsrat nicht immer erst im Nachhinein aneignen. Insbesondere in krisenhaften Situationen erwartet die Belegschaft von ihrer Interessenvertretung, dass sie auf die neuen Gegebenheiten unmittelbar reagiert und nicht erst mit zeitlicher Verzögerung – nachdem sie ein einschlägiges Seminar besucht hat. Häufig lässt sich ein solches Seminar auch nicht so schnell finden. In dringenden Fällen kann zwar ein Inhouse-Seminar organisiert werden. Aber gewisses Vorratswissen erleichtert dem Betriebsrat die Reaktion auf neue Probleme.

Erweiterter Schulungsbedarf

Um seine **Gestaltungsrechte** effektiv nutzen zu können, muss der Betriebsrat **vorausschauend handeln** und mit eigenen Vorstellungen aufwarten können. In der betrieblichen Praxis zeigt sich, dass Arbeitgeber viele Maßnahmen ohne langen Vorlauf möglichst schnell durchsetzen wollen. Häufig versuchen sie sogar, die Arbeitnehmervertretung gar nicht, zu spät oder nur in begrenztem Maße zu beteiligen. Was der Arbeitgeber auch immer plant – der Betriebsrat gerät möglicherweise unvorbereitet unter **Handlungsdruck**. Für Schulungen ist es dann manches Mal zu spät. Wenn Arbeitgeber nicht ausreichend informieren und mit Überraschungseffekten arbeiten, müsste der Betriebsrat schon hellseherische Fähigkeiten haben, um die demnächst anfallenden Aufgaben erahnen zu können. Diese rechtliche Hürde, die von der Rechtsprechung für den Schulungsanspruch errichtet wurde,[45] legt den Betriebsrat eher auf reaktives Handeln fest, statt ihm die Chance zu geben, seine Aufgaben **jederzeit** sach- und fachgerecht ausüben zu können.

45 So aber st. Rspr. des BAG, vgl. 9.10.1973 – 1 ABR 6/73 – AP Nr. 4 zu § 37 BetrVG 1972; BAG v. 27.9.1974 – 1 ABR 71/73 – AP Nr. 18 zu § 37 BetrVG 1972; BAG v. 15.5.1986 – 6 ABR 74/83 – AP Nr. 54 zu § 37 BetrVG 1972. Ebenso *Künzl*, ZfA 1993, 346.

Beispiel

Um- und Restrukturierungen sind in den Unternehmen an der Tagesordnung. Kaum ein Unternehmen bleibt davon verschont. Dabei kommt es auch zur Ausgliederung von Betrieben oder Betriebsteilen. Um auf derartige Maßnahmen vorbereitet zu sein, möchte der Betriebsrat ein Seminar zum Thema »Ausgliederung« besuchen. Der Arbeitgeber lehnt die Seminarteilnahme mit der Begründung ab, dass er in absehbarer Zeit keine Ausgliederung plane. Zwei Jahre nach dem beabsichtigten Seminarbesuch kündigt er doch eine Ausgliederung an. Dem Betriebsrat fällt es in der Planungsphase schwer, den Umgestaltungsprozess zu begleiten, weil ihm das nötige Spezialwissen fehlt. Ein passendes Seminar lässt sich ad hoc nicht finden.

Seminarbesuche sind nicht erst im Falle eines konkreten betrieblichen Anlasses erforderlich. Zur Abgrenzung muss es genügen, dass die vermittelten Kenntnisse für den Betriebsrat nicht lediglich von akademischem Interesse sind, sondern **praktische Bedeutung** erlangen können.

Auf der Höhe der Zeit sein!

Im Allgemeinen lässt das BAG **Vorratswissen** nicht zu. Eine Ausnahme besteht – wie erwähnt – lediglich im Hinblick auf die Vermittlung von Grundkenntnissen. Es wäre aber genauso notwendig, auch bei anderen Themen, mit denen sich der Betriebsrat auskennen sollte, die Aneignung von Vorratswissen zu gestatten. Denn auch nach Teilnahme an der IG Metall-Serie »BR kompakt« oder einem »BR I«- oder »BR II«-Kurs nutzt nicht jedes Betriebsratsmitglied alle Handlungsmöglichkeiten, die das BetrVG bietet. Erst im Verlauf der praktischen Arbeit entsteht ein konkreter Bedarf. Genauso sinnvoll ist es, Kenntnisse über **andere aktuelle und für die Arbeitswelt relevante Themen** zu erlangen. So ließen sich z. B. **Unternehmensentwicklungen** wie Umwandlungen, Outsourcing, Fusionen, Betriebsübergänge, die Digitalisierung der Arbeit, die Nutzung von KI oder Arbeitszeit-Konzepte dem Potenzial erforderlicher Grundkenntnisse zuordnen. Die betrieblichen Verhältnisse können sich rasant ändern und erfordern unmittelbares Handeln. Ein Betriebsrat muss sich mit den rechtlichen, ökonomischen, technologischen und gesellschaftlichen Zusammenhängen auskennen, um die Entwicklungen in seinem Betrieb und Unternehmen einschätzen und handeln zu können.

In den Unternehmen vollziehen sich **Veränderungs- und Modernisierungsprozesse**, die als allgemeiner Trend nahezu überall zu beobachten sind. Dies wird an ständigen gesellschaftsrechtlichen Veränderungsprozessen, der Digitalisierung, der Einführung von Qualitätsmanagement oder Arbeitsformen wie Gruppenarbeit deutlich. Bestimmte betriebliche Ereignisse sind angesichts von Veränderungstendenzen durchaus typisierbar. Über Unternehmensstrategien und ihre Auswirkungen muss der Betriebsrat **rechtzeitig und vorsorglich** informiert sein. Um Konsequenzen einzuschätzen, Initiativen zu starten und auf geplante Maßnahmen des Arbeitgebers unmittelbar reagieren zu können, benötigt er *sofort* **abrufbare Kenntnisse.** Für die Bewältigung zukünftig zu erwartender Aufgaben lässt sich daher die Erforderlichkeit von Vorratswissen rechtfertigen.

Leider gibt es ersichtlich noch keine Gerichtsentscheidungen, die diese Sichtweise bestätigen. Auf diesem Sektor muss noch Rechtsfortbildung betrieben werden. Deshalb bestehen hinsichtlich solcher Seminare Prozessrisiken, in denen überwiegend Themen behandelt werden, die noch nicht absehbar für den Betrieb anstehen.

1.2 Dauer der Veranstaltung

Zeitliche Dauer

Für Seminare nach § 37 Abs. 6 BetrVG gilt kein Zeitlimit. Die zeitliche Dauer eines Seminars richtet sich ebenfalls nach der Erforderlichkeit. Welche Dauer als erforderlich anzusehen ist, hängt von mehreren Faktoren ab. Allgemeine Aussagen über die zulässige Höchstdauer sind schon deshalb schwierig, weil die Erforderlichkeit nach den konkreten Bedingungen im Betrieb und Betriebsrat zu beurteilen ist. Außerdem spielt das **Schulungsprogramm** eine Rolle, d. h. **Schwierigkeit und Umfang des zu schulenden Wissens** sowie die Art der **Wissensvermittlung**. Genauso sind die **persönlichen Voraussetzungen** des zu schulenden Betriebsratsmitglieds zu berücksichtigen.[46]

Wer zum ersten Mal in den Betriebsrat gewählt wurde, hat einen **höheren** und damit **längeren Schulungsbedarf** als diejenigen, die schon seit Jahren ein Betriebsratsamt innehaben.

Beispiel

Felix Meyer ist neu in den Betriebsrat gewählt worden. Für die übrigen vier Betriebsratsmitglieder ist es bereits die dritte Amtsperiode. Das neue Betriebsratsmitglied kann auf jeden Fall Grundlagenseminare besuchen. Für die anderen Betriebsratsmitglieder bleibt die Entsendung zu Spezialseminaren, da sie bereits in den Amtsperioden zuvor Grundlagenseminare besucht haben. Außerdem können auch für sie Schulungen z. B. zur Änderung des

46 Vgl. dazu DKW/*Wedde*, § 37 Rn. 140 f.

Betriebsverfassungsgesetzes und zu neuer Rechtsprechung im Arbeitsrecht erforderlich sein.

Zeitliche Grenze

§ 37 Abs. 6 BetrVG kennt keine zeitliche Obergrenze für Seminarbesuche.[47] Im Einzelfall kann es sich als erforderlich herausstellen, dass ein Betriebsratsmitglied mehrere Schulungen hintereinander zu unterschiedlichen Themen besucht.[48] Zuzustimmen ist dem LAG Nürnberg, dass auch vier Wochenschulungen für neu gewählte Betriebsratsmitglieder erforderlich sein können.[49] **Zweifel an der Erforderlichkeit** könnten dann auftreten, wenn der zeitliche Aufwand für Schulungen und für die sonstige Betriebsratstätigkeit auseinanderdriften. Als weitere **Grenze** ist die wirtschaftliche Lage des Arbeitgebers zu berücksichtigen. Die Inanspruchnahme der Bildungsrechte könnten dann überstrapaziert sein, wenn Betriebsratsmitglieder mehr Zeit für Schulungen aufwenden als für die sonstige Arbeit im Betrieb.

Zweiwöchige Schulung

Hinsichtlich der **Dauer einer Einzelveranstaltung** hat die Rechtsprechung Seminare bis zu 14 Tagen zwar anerkannt.[50] Die Erforderlichkeit einer **zweiwöchigen Schulungsteilnahme** wird aber von der Funktion des betreffenden Betriebsratsmitglieds oder dem Schulungsthema abhängig gemacht.[51] Bei mehr als zweiwöchigen Schulungen muss mit dem Einwand der Verhältnismäßigkeit gerechnet werden.[52] Das Hess. LAG hat allerdings eine Grundlagenschulung zum Betriebsverfassungsgesetz von mehr als zwei Wochen für den Besuch aufeinander folgender, aufbauender Seminare als erforderlich anerkannt. Auch das LAG Nürnberg hält für neu gewählte Betriebsratsmitglieder vier Wochenschulungen hintereinander insbesondere dann für erforderlich und verhältnismäßig, wenn diese Grundlagenwissen vermitteln.[53]

---

47 ArbG Kaiserslautern v. 11.1.2006 – 1 Ca 1735/05 – juris. So auch FTLSS, § 37 Rn. 172.

48 HessLAG v. 14.5.2012 – 16 TaBV 226/11 – juris.

49 LAG Nürnberg v. 28.5.2002, AuR 2002, 438 (Ls.). In dem Fall ging es um den Besuch von vier Wochenschulungen mit den Themen »Einführung ins Betriebsverfassungsrecht«, »Mitbestimmungsrechte bei Kündigung«, »Mitbestimmungsrechte bei personellen Einzelmaßnahmen« und »Mitbestimmungsrechte nach § 87 BetrVG«.

50 BAG v. 8.2.1977 – AP Nr. 26 zu § 37 BetrVG 1972; BAG v. 27.9.1974 – 1 ABR 71/73 – AP Nr. 18 zu § 37 BetrVG 1972; LAG Hamm v. 5.12.1974 – 8 TaBV 40/74 – BB 1975, 102; LAG Düsseldorf v. 10.7.1980 – 14 TaBV 35/80.

51 Zur Dauer FTLSS, § 37 Rn. 171ff.

52 So LAG Düsseldorf v. 12.10.1981 – 20 TaBV 44/81 – EzA § 37 BetrVG 1972 Nr. 72 bei einer dreiwöchigen Schulung; LAG Köln v. 12. 4. 1996 – 11 (13) TaBV 83/95 – LAGE Nr. 48 zu § 37 BetrVG 1972 bei einer vierwöchigen Schulung.

53 HessLAG v. 13.11.2008 – 9 TaBV 26/08; LAG Nürnberg v. 28.5.2002 – 6 (5) TaBV 29/01 – NZA-RR 2002, 641; a.A. LAG Köln v. 12.4.1996 – 11 (13) TaBV 83/95 – LAGE § 37 BetrVG 1972 Nr. 48.

Seminartypen

Die Schulungsträger bestreiten das **Kernprogramm** mit fünftägigen Seminaren, während für kompakte Themen oder für bestimmte Präsentationsformen kürzere Schulungen von ein- bis dreitägiger Dauer angeboten werden. Die Dauer der Schulungsteilnahme steht unmittelbar mit der Art der Veranstaltung in Zusammenhang. Die erforderliche Dauer ist nach Thema und **Seminardesign** zu beurteilen. Wenn es bestimmte Techniken einzuüben gilt, das Thema weit reichender Erörterung bedarf oder die Wissensvermittlung insgesamt umfangreich ist, lässt sich das Programm nicht an wenigen Tagen bewältigen. Anders ist die Situation einzuschätzen, wenn ein spezielles Thema in Referatform an einem Tag behandelt wird oder wenn sich ein begrenztes Themenspektrum an drei Tagen bearbeiten lässt.

1.3 Auswahl der Teilnehmer und Teilnehmerinnen

Personelle Auswahl

§ 37 Abs. 6 BetrVG gewährt nicht dem einzelnen Betriebsratsmitglied einen individuellen Schulungsanspruch, sondern dem Gremium. Der Betriebsrat muss per Beschluss festlegen, wer an der Veranstaltung teilnehmen soll. Nicht nur die Veranstaltung selbst bzw. deren Schulungsgegenstand muss für die Betriebsratsarbeit erforderlich sein, sondern auch die Teilnahme des einzelnen Betriebsratsmitglieds, dessen Entsendung beschlossen werden soll. Im Zweifelsfall ist die Entscheidung näher zu begründen. Grundsätzlich kann der Betriebsrat jedes seiner Mitglieder zu einer Schulungs- und Bildungsveranstaltung gem. § 37 Abs. 6 BetrVG entsenden.

Vorkenntnisse

Rechtlich unproblematisch ist – wie zuvor ausgeführt – die Entsendung erstmalig gewählter Betriebsratsmitglieder[54] zu Grundlagenseminaren, da **jedes Mitglied Mindestkenntnisse** benötigt.[55] Aus der Rechtsprechung des BAG lässt sich das Prinzip ableiten, dass die Erforderlichkeit im Regelfall für die Vermittlung von betriebsverfassungsrechtlichen und allgemeinen arbeitsrechtlichen Grundkenntnissen sowie wie die der Arbeitssicherheit nicht näher dargelegt werden muss.[56] Die **Anforderungen** steigen, wenn es sich um die Vermittlung von **Spezialwissen** oder um die Schulung langjähriger Mitglieder handelt.

Bei der Prüfung der Erforderlichkeit sind **Vorkenntnisse** jeder Art zu berücksichtigen. Maßgeblich ist dabei nicht das im Gremium angesammelte Wissen,

54 Zum Schulungsanspruch erstmals gewählter Betriebsratsmitglieder vgl. *Schneider*, AiB 1998, 369 ff.

55 Bestätigt in BAG v. 5.11.1981, DB 1982, 704.

56 Vgl. BAG v. 16.10.1986 – 6 ABR 14/84 – AP Nr. 58 zu § 37 BetrVG 1972.

sondern der **Kenntnisstand** des ausgewählten Betriebsratsmitglieds.[57] Selbst ein Betriebsratsmitglied, das Rechtswissenschaften studiert (hat), ist nicht verpflichtet, sich in das kollektive Arbeitsrecht einzuarbeiten bzw. sich rechtliches Wissen, das in einem Seminar vermittelt wird, selbst anzueignen, zumal das Arbeitsrecht in der juristischen Ausbildung nicht immer einen Schwerpunkt bildet.[58]

Die Schulung des entsandten Betriebsratsmitglieds wird nicht als notwendig erachtet, wenn die auf der Schulungsveranstaltung vermittelten Kenntnisse im Betriebsrat bereits vorhanden sind. Allerdings ist der Betriebsrat weder verpflichtet, die anstehenden Aufgaben auf wenige kenntnisreiche Mitglieder zu konzentrieren, noch muss er sich bei der Aufgabenerfüllung auf die Information eines einzelnen Betriebsratsmitglieds verlassen. Auch wenn ein Mitglied die erforderlichen Kenntnisse bereits besitzt, kann es die sinnvolle Organisation der Betriebsratsarbeit gebieten, weitere Mitglieder mit der Aufgabenwahrnehmung zu betrauen. Ob und inwieweit ein Mitglied oder mehrere Mitglieder über Spezialkenntnisse verfügen müssen, hängt maßgeblich von der Größe und personellen Zusammensetzung sowie von der Geschäftsverteilung im Betriebsrat ab.[59]

Gegen die **gleichzeitige Teilnahme** mehrerer Betriebsratsmitglieder an demselben Seminar bestehen keine Bedenken, wenn die Fortführung der sonstigen Betriebsratsgeschäfte gewährleistet ist. Teilweise legen die Gerichte jedoch enge Maßstäbe an und erlauben nur ausnahmsweise eine gleichzeitige Entsendung mehrerer Betriebsratsmitglieder. Je schwieriger der Stoff ist, der im Seminar vermittelt wird, desto eher lässt sich die Notwendigkeit der Entsendung mehrerer Betriebsratsmitglieder begründen.[60] Eines ist allerdings sicher: Wer an einem Seminar teilgenommen hat, wird in absehbarer Zeit kein vergleichbares besuchen können.

Beispiel

Carina Müller besuchte im Mai einen Kurs mit dem Titel »Einführung in die Arbeit des Wirtschaftsausschusses«. Wenig später wird sie zu einem Seminar mit dem Thema »Bilanzanalyse leicht gemacht« angemeldet.

57 BAG v. 9.10.1973 – 1 ABR 6/73 – AP Nr. 4 zu § 37 BetrVG 1972; BAG v. 16.10.1986 – 6 ABR 14/84 – AP Nr. 58 zu § 37 BetrVG 1972.

58 LAG Berlin-Brandenburg v. 17.3.2016 – 26 TaBV 2215 – ArbRB 2016, 365.

59 BAG v. 28.9.2016 – 7 AZR 699/14 – NZA 2017, 69; BAG v. BAG v. 14.1.2015 – 7 ABR 95/12 – NZA 2015, 632.

60 Nur ausnahmsweise gleichzeitige Entsendung HessLAG v. 29.6.1995, AiB 1996, 246.

Für die Erforderlichkeit des zweiten Seminars kommt es darauf an, ob es im Vergleich zum ersten Seminar fortführende Kenntnisse vermittelt. Wurde die Bilanzanalyse bereits im ersten Seminar behandelt, ist das zweite nicht »erforderlich«. Nach einer Entscheidung des LAG Nürnberg ist nach eineinhalb Jahren eine Schulungsmaßnahme mit ähnlichem Inhalt nicht erforderlich, wenn die beiden Seminare nach der Ausschreibung zu mehr als der Hälfte deckungsgleiche Inhalte aufweisen.[61] Ausnahmsweise kann eine Wiederholungsschulung aber dann erforderlich sein, wenn das erforderliche Wissen in der vorangegangenen Schulung nicht in hinreichender Weise vermittelt wurde.[62]

Veränderte Situation

Anders stellt sich die Situation dar, wenn die Schulung zum selben Thema schon lange zurückliegt, wenn Gesetze geändert wurden oder wenn sich die Rechtslage durch die Rechtsprechung oder durch neue Erkenntnisse fortentwickelt hat.[63]

Beispiel

Alberta Rosso hat 2020 ein Seminar zum Whistleblowing im Unternehmen besucht. Nach dem Inkrafttreten des Hinweisgeberschutzgesetzes im Juli 2023 kann die Teilnahme an einer Schulung zum gleichen Thema erforderlich sein.

Ein Grundlagenkurs für **langjährige Betriebsratsmitglieder** ist erforderlich, wenn sie z. B. vorher einem kleinen oder lediglich einem einköpfigen Betriebsrat angehörten und wenn sie durch die bisherige Praxis keine ausreichenden Kenntnisse erwerben konnten. Genauso kann ein Schulungsbedarf damit begründet werden, dass in der Vergangenheit praktisch keine betriebsverfassungsrechtlichen Konflikte auftraten.[64]

Sind einzelne Betriebsratsmitglieder mit besonderen Aufgaben betraut oder gehören sie einem Ausschuss an, so besteht für sie die Notwendigkeit, Seminarangebote wahrzunehmen, die entsprechende Spezialkenntnisse vermitteln, sofern sie über das erforderliche Wissen nicht verfügen.[65]

---

61 LAG Nürnberg v. 1.9.2009 – 6 TaBV 18/09 – BB 2009, 2309.

62 ArbG Heilbronn v. 18. 3. 2021 – 7 BV 2/20 – juris.

63 Bei Vorliegen besonderer Gründe bejahend BAG v. 29.1.1974, AP Nr. 9 zu § 37 BetrVG 1972; BAG v. 15.6.1976, AP Nr. 12 zu § 40 BetrVG 1972; BAG v. 15.5.1986 – 6 ABR 74/83 – AP Nr. 54 zu § 37 BetrVG 1972; BAG v. 16.10.1986 – 6 ABR 14/84 – AP Nr. 58 zu § 37 BetrVG 1972; *Künzl*, ZfA 1993, 346.

64 LAG Schleswig-Holstein v. 4.1.2000 – 3 Sa 511/98 – AiB 2000, 287.

65 BAG v. 15.5.1986 – 6 ABR 74/83 – AP Nr. 54 zu § 37 BetrVG 1972 LAG Berlin-Brandenburg v. 28.2.2017 – 11 TaBV 1626/16 – juris.

Das gilt auch für **Gesamtbetriebsratsmitglieder.** Eine Grundlagenschulung zur Vermittlung allgemeiner Grundkenntnisse der Gesamtbetriebsratsarbeit ist nach Ansicht des Arbeitsgerichts Ulm auch dann erforderlich, wenn das Gesamtbetriebsratsmitglied zuvor acht Jahre lang ohne eine solche Schulung im Gesamtbetriebsrat vertreten war.[66]

1.4 Anzahl der Schulungsteilnehmer und -teilnehmerinnen

Die Entscheidung, wie viele Betriebsratsmitglieder zu einem Seminar entsandt werden, hängt davon ab, welche Personen teilnehmen sollen und welches Thema in der Schulung behandelt wird. Es kann passieren, dass mehrere Betriebsratsmitglieder für die gleiche Veranstaltung Interesse anmelden, obwohl sich nur die Teilnahme einer Person rechtfertigen ließe. Dabei sind vorherige Seminarbesuche der Betriebsratsmitglieder zu berücksichtigen. Schon aus Gründen der **Gleichbehandlung und Kollegialität** sollten einzelne Betriebsratsmitglieder bei Schulungsmaßnahmen nicht ins Hintertreffen geraten. Ziel sollte es vielmehr sein, nach und nach alle Betriebsratsmitglieder zu schulen. Auch für den Betriebsrat gilt, diskriminierende Entscheidungen zu verhindern. Das folgt schon aus § 75 Abs. 1 BetrVG und dem Allgemeinen Gleichbehandlungsgesetz (AGG). Ebenso sollten Sympathien oder Antipathien untereinander nicht den Ausschlag geben.

Funktionsträger

Um eine **ausgewogene Aufgabenverteilung** zu erreichen, ist davon abzuraten, Funktionsträger zu bevorzugen oder ihnen gar exklusive Bildungsmöglichkeiten einzuräumen.[67] Es widerspricht dem Zweck des Gesetzes, den Schulungsanspruch nach § 37 Abs. 6 BetrVG auf einige Wenige zu konzentrieren. Für die praktische Betriebsratsarbeit sollte sich der Informationsvorsprung von Betriebsratsvorsitzenden und Stellvertretern zu den übrigen Betriebsratsmitgliedern nicht vergrößern. Selbst wenn sie häufiger von Kollegen und Kolleginnen angesprochen werden und mit dem Arbeitgeber verhandeln, sollten die **Aufgaben** einigermaßen **gleichgewichtig** verteilt werden. Manchmal kann es sich als sachgerechter erweisen, einzelne Betriebsratsmitglieder sogar häufiger zu Seminaren zu entsenden als andere. Um gegenüber dem Arbeitgeber als **starkes Team** auftreten zu können, sollte auf eine **gleichmäßige Qualifizierung** aller Betriebsratsmitglieder Wert gelegt werden. Hierarchisch begründete Auswahlentscheidungen sind jedenfalls nicht zu rechtfertigen.

66 ArbG Ulm v. 20.12.2006 – 9 BV 5/06 – dbr 2007, 6/38.

67 Ähnlich LAG Hamm v. 22.1.1976, DB 1976, 730.

Zwar kann es zum Aufbau einer funktionierenden Betriebsratsarbeit sinnvoll sein, **Funktionsträgern** oder Ausschussmitgliedern vorübergehend Priorität bei der Entsendung zu Schulungs- und Bildungsveranstaltungen einzuräumen. Daraus sollte jedoch keine **Gewohnheit** werden. Betriebsratsvorsitzende und -stellvertreter haben nicht schon allein wegen ihrer herausgehobenen Stellung einen umfassenderen und intensiveren Schulungsbedarf.[68]

Aufgabenteilung

Für eine effektive und gleichberechtigte Betriebsratsarbeit sollte sich die Auswahlentscheidung daran orientieren, dass alle Betriebsratsmitglieder mehr **Sachkompetenz** bekommen. Fachkunde macht nicht nur das einzelne Betriebsratsmitglied sicherer. Auch das Gremium kann sich gegenüber dem Arbeitgeber besser als gleichrangiger Verhandlungspartner durchsetzen. Eine Aufgabenteilung und **Spezialisierung** innerhalb des Gremiums steht dem nicht entgegen.

Überspannte Erwartung der Arbeitgeber

Viele Betriebsräte machen die Erfahrung, dass der Arbeitgeber insbesondere bei **Spezialseminaren** die Erforderlichkeit bestreitet. Sowohl um die Schulungsinhalte als auch um die Zahl der entsandten Mitglieder kann ein Konflikt entstehen. Hält der Arbeitgeber das Schulungsthema nicht für erforderlich, sind die zuvor dargestellten Erforderlichkeitsvoraussetzungen anhand der konkreten Umstände im Einzelfall zu klären. Häufig richten sich Einwände des Arbeitgebers auch gegen die Anzahl der ausgewählten Teilnehmer und Teilnehmerinnen, weil er die Schulung eines einzigen Betriebsratsmitglieds zu einem Spezialthema für ausreichend erachtet. Dahinter verbirgt sich die Vorstellung, dass es genügt, wenn eine Person über das erforderliche Wissen verfügt oder der Schulungsteilnehmer bzw. die Schulungsteilnehmerin das erworbene Wissen an die übrigen Betriebsratsmitglieder weitergegeben kann. Das ist ungerechtfertigt. Von Betriebsratsmitgliedern kann nicht erwartet werden, dass sie nach der Schulung die dort vermittelten Kenntnisse an die Kolleginnen und Kollegen weitergeben.[69] Die Wahrnehmung pädagogischer Aufgaben fällt nicht in ihren Funktionsbereich. Ganz davon abgesehen hat auch nicht jede und jeder die nötigen Fähigkeiten, schwierige Themen zu vermitteln. Außerdem ist eine betriebliche **Nachschulung** angesichts der inhaltlichen Komplexität der Schulungsthemen im betrieblichen Alltag unrealistisch. Genauso wenig kann von Betriebsratsmitgliedern verlangt werden, dass sie sich eine bestimmte Materie im **Selbststudium** aneignen.[70]

---

68 Vgl. BAG v. 27.9.1974 – 1 ABR 71/73 – AP Nr. 18 zu § 37 BetrVG 1972; BAG v. 8.2.1977 – 8.2.1977 – AP Nr. 26 zu § 37 BetrVG 1972; BAG v. 24.5.1995, AP Nr. 109 zu § 37 BetrVG.

69 So aber BAG v. 21.11.1978, AP Nr. 35 zu § 37 BetrVG 1972.

70 BAG v. 19.3.2008 – 7 ABR 2/07 – juris; BAG v. 20.12.1995 – 7 ABR 14/95 – NZA 1996, 895; VGH Baden-Württemberg v. 13.9.2019 – PB 15 S 985/19 – juris; ArbG Bremen-Bremerhaven v. 31.5.2007 – 10 BV 59/07 – dbr 2008, 4/38; DKW/*Wedde*, § 37 Rn. 110 m. w. N.

Das BetrVG geht davon aus, dass jedes Mitglied sein Amt in **eigener Verantwortung** und in Kenntnis seiner Kompetenz führt.[71] Alle Betriebsratsmitglieder müssen in der Lage sein, die jeweiligen Probleme einzuschätzen und zu einer Lösung beizutragen. Die **Mitbestimmungs- und Mitwirkungsrechte** stehen nicht einzelnen Funktionsträgern allein zu, sondern dem gesamten Gremium. Folglich müssen auch **»Nicht-Spezialisten«** die Möglichkeit haben, wenigstens Grundkenntnisse in bestimmten Sachgebieten zu erwerben. Ganz davon abgesehen wäre es wenig demokratisch, wenn das Plenum über keine eigenen Entscheidungsgrundlagen und Kontrollmöglichkeiten der **»Funktionäre«** verfügt. Einzelne Mitglieder mögen in bestimmten Sachgebieten eine intensivere Ausbildung benötigen als andere. Dies ergibt sich schon aus der Arbeitsteilung im Betriebsrat. Abzulehnen ist jedoch die Entscheidung des LAG Hamm, wonach es ausreichen soll, wenn bei der Aufgabenverteilung im Gremium diejenigen Betriebsratsmitglieder geschult werden, die mit der Wahrnehmung dieser Aufgaben betraut sind.[72]

Gemeinsame Schulungsteilnahme

Arbeitgeber halten die **Entsendung mehrerer Betriebsratsmitglieder** zu der gleichen Schulungsveranstaltung häufig nicht für erforderlich. Viele Betriebsratsmitglieder ziehen es aber vor, gemeinsam mit Kolleginnen und Kollegen aus dem Betrieb ein Seminar zu besuchen. Wenn man die strengen Maßstäbe der Erforderlichkeit anlegt, spielen solche persönlichen **Präferenzen** keine Rolle. Unproblematisch ist die Entsendung mehrerer Betriebsratsmitglieder, wenn diese erstmalig in den Betriebsrat gewählt wurden. Denn alle »Neuen« müssen sich umgehend **Grundlagenwissen** aneignen. So weit gewährleistet ist, dass sich die übrigen Betriebsratsmitglieder um die täglich anfallenden Geschäfte kümmern können, steht der gemeinsamen Schulungsteilnahme nichts entgegen. Unter diesen Bedingungen ist nicht zu begründen, warum ein Mitglied erst nach Rückkehr des anderen zum Seminar fahren darf.

Abzulehnende Entscheidung des Hessischen LAG

Mitunter beurteilt die Rechtsprechung die Erforderlichkeit der gleichzeitigen Entsendung mehrerer Betriebsratsmitglieder zu einer Schulung sehr restriktiv. Die **Entsendung mehrerer Betriebsratsmitglieder** soll nur ausnahmsweise zulässig sein. Von einer **Ausnahmesituation** wird z. B. ausgegangen, wenn ein Betriebsrat mit wenig geschulten Mitgliedern seine Entscheidungen in einer **objektiv schwierigen Materie** nicht vom mehr oder minder bleibenden Schulungserfolg bei nur einem entsandten Mitglied abhängig machen will. Im Allgemeinen verlangen die Gerichte eine **besonders sorgfältige Prüfung** für die Entsendung mehrerer Mitglieder zur gleichen Schulungsveranstaltung.[73] Das wird der **Betriebsratspraxis**

71 DKW/*Wedde*, § 37 Rn. 110.

72 LAG Hamm v. 25. 6. 2004 – 10 Sa 2025/03 – juris.

73 HessLAG v. 29. 6. 1995 – 12 TaBV 73/94 – AiB 1996, 246.

nicht gerecht. Dahinter steht offensichtlich die Logik, es sei grundsätzlich ausreichend, jeweils nur einem Betriebsratsmitglied Spezialkenntnisse angedeihen zu lassen. Dieser Auffassung ist nicht zu folgen. Denn die speziell ausgebildeten Betriebsratsmitglieder hätten keine Möglichkeit, sich mit ihren Kollegen und Kolleginnen sachkundig zu beraten. Die Verantwortung für bestimmte Entscheidungen müssten immer einzelne Personen allein tragen. Die Erfahrung zeigt, dass sich vermitteltes Wissen nicht lehrbuchartig auf alle Problem- und Lebenslagen anwenden lässt. Häufig zeichnet sich erst dann ein Lösungsweg ab, wenn **mehrere sachkundige Personen** das Problem miteinander diskutieren.

Manche Arbeitsgerichte sehen diese Problematik und lassen die gleichzeitige Entsendung mehrerer Betriebsratsmitglieder zu einer Schulung zu. Das ArbG Stuttgart hält die Entsendung von sieben Mitgliedern eines fünfzehnköpfigen Betriebsrats zu einer Spezialschulung für zulässig.[74] Auf dieser Linie liegen auch Entscheidungen des LAG Berlin, LAG Hamm sowie des ArbG Kassel, die die Entsendung mehrerer Betriebsratsmitglieder zu Spezialseminaren z. B. über Fragen der Lohngestaltung für zulässig erachten.[75]

Branchenseminare

Von der Notwendigkeit der Entsendung mehrerer Betriebsratsmitglieder ist auch dann auszugehen, wenn diese einem Ausschuss oder einer Arbeitsgruppe angehören, die mit Aufgaben zur selbständigen Erledigung betraut sind.[76] **Ausschussmitglieder** können verantwortliche Betriebsratsarbeit in den Ausschüssen nur dann verrichten, wenn jedes Ausschussmitglied über Mindestkenntnisse für die mit seinem Amt verbundenen Aufgaben verfügt.[77] Wenn also mehrere Betriebsratsmitglieder mit denselben Spezialthemen beauftragt sind, kann der Betriebsrat sie auch zusammen zum selben Seminar entsenden.

Die Entsendung mehrerer Betriebsratsmitglieder zu Branchenseminaren oder zu speziellen **betriebs-, unternehmens- oder konzernbezogenen Schulungen** kann ebenfalls erforderlich sein.[78] Wenn in einem Seminar ein spezifisches Branchenproblem behandelt wird wie z. B. die Ausgliederung von Betriebsteilen, die Vergabe von Aufträgen per Werkvertrag oder der Einsatz von Leiharbeitnehmern, wäre die Schulung eines einzelnen Betriebsratsmitglieds unzureichend, um im Nachhinein mit dem erworbenen Spezialwissen die theoretisch aufgezeigten Handlungsmöglichkeiten umzusetzen. In krisenhaften

74 ArbG Stuttgart v. 27. 7. 1990 – 13 BV 2/90.

75 LAG Berlin v. 3. 11. 1972 – 3 Ta 10/92; LAG Hamm v. 15. 4. 1980, DB 1981, ArbG Kassel v. 5. 7. 1972 – 3 BV 4/72.

76 ArbG Saarlouis v. 7. 8. 2012 – 1 BV 17/11 – AuR 2013, 143.

77 LAG Hamm v. 16. 5. 2012 – 10 TaBV 11/12 – juris.

78 LAG Berlin v. 28. 9. 1992, BB 1993, 291.

und schwierigen Situationen geht es für den Betriebsrat nicht nur um die Abschätzung betriebsverfassungs-, tarif- und individualrechtlicher Folgen. Hier kommt es verstärkt darauf an, für eine aktuelle Schwerpunktaufgabe eine **Betriebsratstaktik** zu erarbeiten. Dafür reicht das Spezialwissen eines einzigen Betriebsratsmitglieds nicht aus.[79] Nicht zuzustimmen ist deshalb der Entscheidung des LAG Rheinland-Pfalz vom 16. 10. 2010, in der dieses bei Spezialschulungen nur die Entsendung eines Betriebsratsmitglieds zulassen will.[80]

Spezielle Lösungen

Ebenso können Seminare für Betriebsratsmitglieder bzw. für Mitglieder eines Gesamtbetriebsrats erforderlich sein, wenn **besondere Betriebsstrukturen** oder **charakteristische Problemlagen** im Unternehmen **spezielle Lösungen** erfordern. Die Teilnahme mehrerer Betriebsratsmitglieder kann schon deshalb erforderlich sein, weil kein anderer Anbieter als z. B. die eigene Gewerkschaft die besondere Problematik aufgreift oder weil die spezifischen betrieblichen Probleme in Seminaren mit einem »gemischten« Teilnehmerkreis nicht ausreichend behandelt werden können.

1.5 Form des Seminars

Während der Corona-Pandemie sind Seminaranbieter wegen der seinerzeit verordneten Kontaktbeschränkungen vermehrt zu Online-Schulungsformaten (Webinare) übergegangen. Diese Seminarform hat sich gehalten. Heute werden Webinare neben Präsenzseminaren angeboten.

Die Teilnahme an Webinaren setzt eine passende Technikausstattung der Teilnehmenden voraus.

Nimmt das Betriebsratsmitglied zu Hause an einem Online-Seminar teil, ist es – wie beim Mobilen Arbeiten– aufgrund der mit dem Betriebsrätemodernisierungsgesetz zum 18. 6. 2021 eingetretene Neuregelung des § 8 Abs. 1 SGB VII unfallversichert.

Beispiel

Tim Ahrens nimmt an einem Online-Seminar teil. Der Rechner steht auf seinem Esstisch. Er geht während des Seminars in die Küche, um sich einen

79 Diese Fallkonstellation wäre vermutlich auch mit dem zuvor kritisierten Beschluss des HessLAG v. 29. 6. 1995, BB 1996, 328 vereinbar.

80 LAG Rheinland-Pfalz v. 16. 10. 2010 – 10 TaBV 37/10 – juris.

Kaffee zu kochen. Er stolpert über eine Fußbank und bricht sich bei dem Sturz das Handgelenk.

Bis 2021 war bei mobiler Arbeit ein Arbeitsunfall zuhause nicht von der gesetzlichen Unfallversicherung gedeckt. Tätigkeiten im Haushalt des Versicherten oder an einem anderen Ort (z.B. Hotelzimmer, Zugabteil) waren nicht versichert. Nach der 2021 in Kraft getretenen Gesetzesänderung ist jede Tätigkeit versichert, die dem betrieblichen Zweck dient. Da die Seminarteilnahme zur Betriebsratstätigkeit gehört und diese wiederum einer beruflichen Tätigkeit gleichgesetzt ist, sind auch Betriebsratsmitglieder unfallversichert, die von zu Hause aus an einem Webinar teilnehmen.

Grundsätzlich können Online-Seminarformen geeignet sein, notwendige Kenntnisse zu vermitteln. Sie ersetzen aber nicht die direkte Kommunikation mit Referenten und Referentinnen und den Austausch mit anderen am Seminar Teilnehmenden, wie sie in Präsenzseminaren üblich und wertvoll sind. Webinare und andere Online-Formen des Seminars mögen insbesondere dann sinnvoll sein, wenn es sich um eine lediglich eintägige Schulung handelt oder die Wissensvermittlung dringlich ist.

Der Betriebsrat muss sich aber aus Kostengründen nicht darauf beschränken, seine Mitglieder statt zu Präsenzseminaren nur noch oder überwiegend zu Online-Seminaren zu entsenden. Die durch behördliche Auflagen entstandenen Umstände während der Pandemie können den Arbeitgebern nicht zum Vorteil gereichen, um die Kostenübernahme für Präsenzseminare abzulehnen. Das BAG hat entschieden, dass die Auswahl des Schulungsformats dem Beurteilungsspielraum des Betriebsrats unterliegt. Dabei hat es als zulässige Beurteilungskriterien die Erfahrungen und subjektiven Bewertungen der Betriebsratsmitglieder anerkannt. Dies gilt sowohl für den aufgrund der Andersartigkeit der Schulungssituation wahrgenommenen geringeren Lernerfolg von Online-Seminaren als auch für die Einschätzung, es fehle bei einem Webinar an dem mit einem Präsenzseminar vergleichbaren und außerhalb des eigentlichen Seminarprogramms fortgesetzten Gedanken- und Erfahrungsaustausch über die Tätigkeit in einer betrieblichen Interessenvertretung unter den Teilnehmenden.[81]

81 BAG v. 7. 2. 2024 – 7 ABR 8/23 – NZA 2024, 767.

2. Beurteilungsspielraum des Betriebsrats

Erforderlichkeit uneindeutig

In der Praxis berücksichtigen Betriebsräte bei ihrem Beschluss über die Schulungsteilnahme häufig die Erforderlichkeitskriterien nicht in der Weise, wie es die Rechtsprechung vorgibt. Das liegt teilweise daran, dass sie diese nicht kennen oder der Arbeitgeber in der Vergangenheit gegen Seminarbesuche keine Einwände hatte. Die Beurteilung der Erforderlichkeit ist auch schwierig, weil die zu beachtenden **Kriterien auslegungsfähig** sind. Der Betriebsrat bewegt sich – bewusst oder unbewusst – auf unsicherem Terrain. Die Kommentarliteratur hilft nicht immer weiter. Sie ist in vielen Punkten uneinheitlich und kann nur eine Orientierung bieten.[82]

Das BAG räumt dem Betriebsrat bei der Entscheidung, ob eine Veranstaltung erforderlich ist, einen gewissen Beurteilungsspielraum ein.[83] Der **Beurteilungsspielraum** bezieht sich neben dem Inhalt der Schulungsveranstaltung[84] auf Format und Methoden sowie Art und Weise der Wissensvermittlung und umfasst auch die Einschätzung der Gleichwertigkeit verschiedener Schulungsangebote. Der Beurteilungsspielraum erstreckt sich ferner auf Dauer und Zahl der zu entsendenden Betriebsratsmitglieder.[85]

Dennoch darf der Betriebsrat nicht jede Veranstaltung, die ihm angemessen oder interessant erscheint, auswählen. Subjektives Ermessen ist nicht entscheidend. Die Rechtsprechung verlangt vielmehr, dass sich der Betriebsrat *»auf den Standpunkt eines vernünftigen Dritten stellt, der die Interessen des Betriebes einerseits und die des Betriebsrats andererseits gegeneinander abzuwägen hat«.*[86] Der Betriebsrat soll sich in die **Position eines Außenstehenden** versetzen und dann beurteilen, wie er entscheiden würde. Wen muss sich der Betriebsrat nun als »vernünftigen Dritten« vorstellen? Da letzten Endes im Konfliktfall ein Gericht über die Erforderlichkeit eines Seminars entscheidet, muss sich der Betriebsrat die Frage stellen, wie das Arbeitsgericht die Erforderlichkeit der Seminarteilnahme bewerten würde.

---

82 Je nach Distanz bzw. Nähe zum Arbeitgeberlager sind die Kommentierungen zu bewerten. Während einige Kommentare von restriktiver Auslegung abraten, lehnen andere »jede anspruchserweiternde Interpretation« ab.

83 BAG v. 9.10.1973 – 1 ABR 6/73 – AP Nr. 4 zu § 37 BetrVG 1972; BAG v. 6.11.1973 – 1 ABR 8/73 – AP Nr. 5 zu § 37 BetrVG 1972; BAG v. 15.5.1986 – 6 ABR 74/83 – AP Nr. 53 zu § 37 BetrVG 1972; BAG v. 28.6.1995 – 7 ABR 55/94 – AiB 1995, 731; HessLAG v. 14.5.2012 – 16 TaBV 226/11 – NZA-RR 2012, 475.

84 BAG v. 14. 1. 2015 – 7 ABR 95/12 – juris.

85 BAG v. 16.3.1988 – 7 AZR 557/87 – AP Nr. 63 zu § 37 BetrVG; BAG v. 7.6.1989 – 7 ABR 26/88 – AP Nr. 67 zu § 37 BetrVG 1972; BAG v. 29.4.1992 – 7 ABR 61/91 – NZA 1993, 375.

86 BAG v. 10.11.1993 – 7 AZR 682/92 – DB 1994, 500.

Solange die Wahl des Seminars nicht völlig subjektiv und willkürlich erfolgt, ist das Risiko gering, eine »falsche« Entscheidung zu treffen.[87] Die Auswahlentscheidung ist nur **eingeschränkt nachprüfbar.**

Grundsätzlich ist die Erforderlichkeit der Teilnahme an einer Schulungsveranstaltung einheitlich zu bewerten. Die Aufteilung einer Schulung in einen für die Tätigkeit eines Betriebsratsmitglieds erforderlichen und einen nicht erforderlichen Teil kommt nur dann in Betracht, wenn die unterschiedlichen Themen so klar voneinander abgegrenzt sind, dass ein zeitweiser Besuch der Schulungsveranstaltung möglich und sinnvoll ist. Lässt sich die Schulungsveranstaltung nicht aufteilen und ist auch ein zeitweiser Besuch praktisch nicht durchführbar, kommt es darauf an, dass die erforderlichen Themen mit **mehr als 50%** überwiegen. In der Regel wird eine Schulungsveranstaltung nur als Ganzes zur Buchung angeboten, so dass der Betriebsrat die Erforderlichkeit der Schulungsteilnahme nur einheitlich für die gesamte Schulung beurteilen kann.[88] Hat das zu entsendende Betriebsratsmitglied schon gewisse Vorkenntnisse zu den Schulungsinhalten, muss der Betriebsrat prüfen, ob die Schulung **mehrheitlich neues Wissen** vermittelt. Überwiegen die erforderlichen Seminaranteile, gilt die Seminarteilnahme insgesamt als erforderlich. Der Betriebsrat muss keine individuellen Lösungen finden, dass das zu entsendende Betriebsratsmitglied teilweise Urlaub oder Arbeitszeitguthaben einbringt oder einen Teil der Schulungskosten selbst übernimmt.[89]

Die Erforderlichkeit wird auch nicht rückblickend beurteilt. Entscheidend ist, dass der Betriebsrat die Teilnahme im **Zeitpunkt der Beschlussfassung** für erforderlich halten konnte.[90]

Beispiel

Der Arbeitgeber gibt bekannt, dass er beabsichtigt, den Betrieb in wenigen Wochen zertifizieren zu lassen. Der Betriebsrat entsendet daraufhin zwei

---

87 *Blank*, AiB 1993, 487; vgl. in diesem Sinne auch BAG v. 9.10.1973 – 1 ABR 6/73 – AP Nr. 4 zu § 37 BetrVG 1972; BAG v. 16.10.1986 – 6 ABR 14/84 – AP Nr. 58 zu § 37 BetrVG 1972.

88 BAG v. 28.9.2016 – 7 AZR 699/14 – NZA 2017, 69; BAG v. 7.5.2008 – 7 AZR 90/07 – NZA 2009, 639; BAG v. 11.8.1993 – 7 ABR 52/92 – NZA 1994, 517; *Blank*, AiB 1993, 487; vgl. in diesem Sinne auch BAG v. 9.10.1973 – 1 ABR 6/73 – AP Nr. 4 zu § 37 BetrVG 1972; BAG v. 16.10.1986 – 6 ABR 14/84 – AP Nr. 58 zu § 37 BetrVG 1972.

89 BAG v. 28.9.2016 – 7 AZR 699/14 – NZA 2017, 69. BAG v. 15.5.1986 – 6 ABR 74/83 – AP Nr. 53 zu § 37 BetrVG 1972; LAG Rheinland-Pfalz v. 29. 1. 2020 – 7 TaBV 14/19 – juris; LAG Niedersachsen v. 27.9.2000 – 1 Sa 227/00 – AiB 2001, 228.

90 BAG v. 15.5.1986 – 6 ABR 74/83 – AP Nr. 53 zu § 37 BetrVG 1972; LAG Niedersachsen v. 27.9.2000 – 1 Sa 227/00 – AiB 2001, 228.

seiner Mitglieder zu einer Veranstaltung über Qualitätsmanagement. Das Zertifizierungsvorhaben wird jedoch nicht realisiert.

Stellt sich nachträglich heraus, dass die Seminarteilnahme nicht erforderlich war, entstehen den betreffenden Betriebsratsmitgliedern wegen nachträglicher Nicht-Erforderlichkeit keine Nachteile. Der Arbeitgeber bleibt dennoch zur Entgeltfortzahlung und Kostenerstattung verpflichtet, weil der Betriebsrat zum **Zeitpunkt der Entsendung** von der Erforderlichkeit der Schulung ausgehen konnte.

Konflikte

Wenn Zweifel über die Erforderlichkeit auftreten oder der Arbeitgeber die Erforderlichkeit bestreitet, sollte sich der Betriebsrat mit seiner Gewerkschaft beraten oder Kontakt mit der Bildungsreinrichtung aufnehmen, um **Entscheidungshilfen** zu bekommen. Manche Konflikte lassen sich im Vorfeld eines Seminarbesuches mit dem Arbeitgeber klären. In anderen Fällen zieht sich die Auseinandersetzung über Wochen und Monate hin und muss womöglich gerichtlich geklärt werden. Ob eine gerichtliche Entscheidung über die Erforderlichkeit einer Schulungsteilnahme zeitlich vor dem geplanten Termin erfolgversprechend ist, hängt von dem jeweiligen Arbeitsgericht ab. Da für die Seminarteilnahme allein der Beschluss des Betriebsrats maßgeblich ist und der Arbeitgeber daraufhin den Seminarbesuch nicht ausdrücklich genehmigen muss, wird die gerichtliche Durchsetzung einer arbeitgeberseitigen Zustimmungserklärung häufig abgelehnt.[91]

3. Anspruchsberechtigte Schulungsteilnehmer und Schulungsteilnehmerinnen

Kein Mandat

Der Anspruch auf Schulungsteilnahme bezieht sich nach § 37 Abs. 6 BetrVG auf Betriebsratsmitglieder sowie auf Mitglieder der JAV.[92] In den Gremien der betrieblichen Interessenvertretung arbeiten aber auch Personen mit, die **kein Mandat** als ordentliches Mitglied des Betriebsrats oder der JAV haben. Schulungsbedarf haben auch Ersatzmitglieder des Betriebsrats oder Mitglieder des Wirtschaftsausschusses. Es stellt sich daher die Frage, ob ihre Schulungsteilnahme von § 37 Abs. 6 BetrVG erfasst wird.

91 Vgl. ArbG Düsseldorf v. 29.9.2017 – 14 BV 85/17 – juris.

92 Der Schulungsanspruch der JAV-Mitglieder basiert auf § 65 BetrVG. Vgl. auch ArbG Frankfurt v. 29. 6. 2022 – 9 BV 284/21 – juris.

3.1 Ersatzmitglieder

Nachrücken in den Betriebsrat

Ersatzmitglieder sind die nicht in den Betriebsrat gewählten Kandidaten und Kandidatinnen einer Betriebsratswahl. Sie vertreten **vorübergehend** die z. B. wegen Krankheit oder Urlaubs verhinderten Betriebsratsmitglieder. Sie rücken erst dann **endgültig** in den Betriebsrat nach, wenn ein Betriebsratsmitglied während der laufenden Amtszeit sein Mandat verliert oder abgibt. Ist ein Ersatzmitglied endgültig in den Betriebsrat nachgerückt, wird es ein ordentliches Betriebsratsmitglied und kann Seminare nach § 37 Abs. 6 BetrVG besuchen wie andere Betriebsratsmitglieder auch.

Beispiel

Das Betriebsratsmitglied David Hofmann wurde bei einem Verkehrsunfall schwer verletzt. Er wird für mehrere Monate ausfallen. Wann mit einer Rückkehr zu rechnen ist, ist völlig offen. Bis dahin rückt Mehmet Çelik als Ersatzmitglied für den erkrankten Kollegen vorübergehend in den Betriebsrat nach. Kann Mehmet Çelik zu Schulungen nach § 37 Abs. 6 BetrVG entsandt werden?

Vorübergehende Stellvertretung

Ausnahmsweise sind auch **Ersatzmitglieder schulungsberechtigt**. Dies gilt insbesondere dann, wenn sie für mehrere Monate die Stellvertretung übernehmen – z. B. weil ein Betriebsratsmitglied längere Zeit krankheitsbedingt ausfällt.[93] Ebenso verhält es sich, wenn ein Ersatzmitglied sehr häufig vorübergehend verhinderte Betriebsratsmitglieder vertritt. Wenn Vertretungsfälle regelmäßig durch Krankheit oder Urlaub ordentlicher Betriebsratsmitglieder auftreten, kann eine Schulung eines Ersatzmitgliedes erforderlich sein.[94] Dies kommt selbst für ein 3. Ersatzmitglied einer Liste in Betracht, wenn es in der Vergangenheit an mehr als 40 % der Betriebsratssitzungen teilgenommen hat.[95] Entsprechend sollte immer dann, wenn ein Ersatzmitglied häufig zum Einsatz kommt, ein Seminarbesuch beschlossen werden, damit es mit dem nötigen Wissen für Beratungen und Beschlussfassungen ausgestattet ist. Auch das erste Ersatzmitglied eines einköpfigen Betriebsrats kann ein Grundlagenseminar zum Betriebsverfassungsgesetz besuchen.[96]

93 Bei mehr als fünfmonatiger Ausfallzeit eines erkrankten Betriebsratsmitglieds HessLAG v. 17. 1. 2022 – NZA-RR 2022, 244.

94 LAG Köln v. 10. 2. 2000 – 5 TaBV 63/99 – AiB 2001, 176.

95 LAG Schleswig-Holstein v. 26. 4. 2016 – 1 TaBV 63/15 – LAGE § 37 BetrVG 2001 Nr. 13.

96 BAG v. 19. 9. 2001 – 7 ABR 32/00 – AiB 2002, 1; ArbG Bremen-Bremerhaven v. 14. 9. 2006 – 5 BVGa 28/06 – AiB 2007, 250.

Nach Rechtsprechung des BAG sind Schulungsteilnahmen von Ersatzmitgliedern gerechtfertigt, wenn der Betriebsrat sie für die künftige Sicherung seiner Arbeitsfähigkeit für notwendig erachtet. Zu berücksichtigen sind dabei **Häufigkeit und Dauer** der Tätigkeit des Ersatzmitglieds im Betriebsrat.[97] Die Instanzgerichte erkennen die Erforderlichkeit einer Schulungsteilnahme an, wenn Ersatzmitglieder über einen Zeitraum von drei Monaten an 50 % der Betriebsratssitzungen[98] bzw. an mehr als einem Viertel der Sitzungen regelmäßig innerhalb von fünf Jahren[99] teilgenommen haben. Ersatzmitglieder, die nur eine **kurzfristige Stellvertretung** übernehmen, sollten sich die Zustimmung des Arbeitgebers einholen, damit die Kostenübernahme gesichert ist.

Beispiel

Paul Fraglich ist Ersatzmitglied. An der Betriebsratssitzung am 30. April kann ein Betriebsratsmitglied urlaubsbedingt nicht teilnehmen. Er vertritt das verhinderte Betriebsratsmitglied an diesem Tag. In den nächsten Monaten ist der Betriebsrat wieder vollzählig. Paul Fraglich nimmt erst wieder im Dezember für ein erkranktes Betriebsratsmitglied an einer Sitzung teil, das nach zweiwöchiger Krankheit seine Tätigkeit wieder aufnehmen kann. Bei solch seltenen Einsätzen lässt sich eine Schulung für das Ersatzmitglied gerichtlich nicht durchsetzen.

3.2 Mitglieder des Wirtschaftsausschusses

Ausnahmen

Für Wirtschaftsausschussmitglieder, die gleichzeitig dem Betriebsrat angehören, ist der Besuch eines Wirtschaftsausschussseminars nach § 37 Abs. 6 BetrVG unproblematisch. **Problematisch** wird die Schulungsmöglichkeit für diejenigen Mitglieder des Wirtschaftsausschusses, die nicht gleichzeitig Mitglied des Betriebsrats sind.

Folgt man der Rechtsprechung des BAG, haben die zuletzt genannten Wirtschaftsausschussmitglieder in aller Regel keine Schulungsmöglichkeit nach § 37 Abs. 6 BetrVG. Sie können nur **im Ausnahmefall** ein Seminar besuchen – etwa, wenn die Wirtschaftsausschussmitglieder die vom Arbeitgeber kraft Gesetzes gegebenen Informationen nicht verstehen.[100] Dagegen haben die Instanzgerichte vereinzelt den Besuch von **Bilanzanalyse-Seminaren** für Wirt-

---

97 BAG v. 15.5.1986 – 6 ABR 74/83 – AP Nr. 53 zu § 37 BetrVG 1972.

98 LAG Köln v. 10.2.2000 – 5 TaBV 63/99 – AiB 2001, 176.

99 ArbG Mannheim v. 19.1.2000 – 8 BV 18/99 – AiB 2000, 506.

100 BAG v. 28.4.1988, NZA 1989, 221; BAG v. 11.11.1998 – 7 AZR 491/97 – AiB 1999, 585.

schaftsausschussmitglieder, die nicht gleichzeitig Betriebsratsmitglieder sind, für zulässig erklärt.[101]

Das Hess. LAG hat darauf erkannt, dass bei Neugründung eines Wirtschaftsausschusses dessen Mitglieder einen sofortigen Schulungsanspruch haben. Es bestehe ein aktueller Schulungsbedarf der Ausschussmitglieder. Das Zuwarten des Betriebsrats mit der Schulung der Mitglieder über einen Zeitraum von fünf Wochen hielt das Gericht für unzumutbar, wenn eine kostenangemessene Schulungsmöglichkeit sofort verfügbar ist.[102]

4. Freistellung und Entgeltfortzahlung

Bezahlte Freistellung

Damit die Bildungsrechte nicht nur auf dem Papier stehen, sondern tatsächlich wahrgenommen werden, muss der Arbeitgeber Betriebsratsmitglieder für die Seminarteilnahme bezahlt von der Arbeit freistellen.

4.1 Arbeitsbefreiung

Der Arbeitgeber muss Betriebsratsmitglieder generell von der Arbeit freistellen, damit sie ihre Aufgaben wahrnehmen können. Die Teilnahme an Seminaren gehört zur Betriebsratstätigkeit. Betriebsratsaufgaben haben **Vorrang** gegenüber arbeitsvertraglichen Pflichten.[103] Der Freistellungsanspruch ergibt sich aus § 37 Abs. 2 BetrVG. Er gilt ebenso für die Teilnahme an Seminaren. § 37 Abs. 6 BetrVG verweist sogar ausdrücklich auf die Freistellungsregelung in § 37 Abs. 2 BetrVG.

4.2 Entgeltsicherung

Für die Zeit der Seminarteilnahme nach § 37 Abs. 6 BetrVG besteht Anspruch auf **Entgeltfortzahlung**. Nach § 37 Abs. 2 BetrVG sind Mitglieder des Betriebsrats von ihrer beruflichen Tätigkeit ohne Minderung des Arbeitsentgelts zu befreien.

Entgeltausfallprinzip

Die Höhe des fortzuzahlenden Entgelts richtet sich nach dem sogenannten Entgeltausfallprinzip. Das Betriebsratsmitglied hat Anspruch auf das Entgelt, das es ohne den Besuch der Schulungsveranstaltung in dieser Zeit verdient hätte.[104]

101 So LAG Bremen v. 17.1.1984, BetrR 1987, 302; ArbG Weiden v. 9.4.1992, BetrR 1992, 142.

102 HessLAG v. 11. 3. 2019 – 16 TaBV 201/18 – NZA-RR 2019, 537.

103 FSTLSS, § 37 Rn. 16; DKW/*Wedde*, § 37 Rn. 10.

104 BAG v. 15.1.1991 – 1 AZR 178/90 – DB 1991, 281.

Dazu zählen auch die ansonsten gezahlten Prämien, Zulagen und Zuschläge[105] einschließlich der Mehr-, Schicht-, Nacht- oder Sonntagsarbeitszuschläge, die ein Betriebsratsmitglied bekäme, wenn es gearbeitet hätte.[106] Ebenfalls kommt die Bezahlung von Überstunden in Betracht – allerdings nur, wenn auch ohne Schulungsteilnahme Überstunden geleistet worden wären.[107]

Entgelthöhe

Die Höhe der Entgeltfortzahlung ist bei gleichbleibenden Monatseinkommen unproblematisch zu ermitteln. Dann werden schlichtweg die **laufenden Bezüge** fortgezahlt. Etwas schwieriger ist die Entgelthöhe für diejenigen zu berechnen, deren Verdienst von Monat zu Monat schwankt – z. B. weil bei Akkord- bzw. Prämienarbeit die Vergütung leistungsabhängig gezahlt wird. In diesem Fall ist der bisherige Durchschnittsverdienst zugrunde zu legen. Falls dies nicht möglich sein sollte, ist der **Durchschnittsverdienst** heranzuziehen, der an vergleichbare Beschäftigte gezahlt wird.[108]

Betriebsratsmitglieder wenden für einen Seminarbesuch häufig mehr Zeit auf, als wenn sie in demselben Zeitraum ihrer beruflichen Tätigkeit nachgegangen wären. Für den Fall, dass die Betriebsratstätigkeit – und dazu gehört die Seminarteilnahme selbstverständlich – aus betriebsbedingten Gründen außerhalb der persönlichen Arbeitszeit liegt, hat das Betriebsratsmitglied nach § 37 Abs. 6 Satz 2 BetrVG i. V. m. § 37 Abs. 3 BetrVG einen Ausgleichsanspruch auf entsprechende Arbeitsbefreiung unter Fortzahlung des Arbeitsentgelts. Um »betriebsbedingte Gründe« handelt es sich nach § 37 Abs. 3 BetrVG, wenn die Betriebsratstätigkeit wegen der unterschiedlichen Arbeitszeiten der Betriebsratsmitglieder nicht innerhalb der persönlichen Arbeitszeit erfolgen kann.

Betriebsratstätigkeit liegt nicht nur dann »außerhalb der Arbeitszeit« i.S.v. § 37 Abs. 3 Satz 1 BetrVG, wenn sie zusätzlich zu der durch Arbeitsleistung oder erforderliche Betriebsratstätigkeit bereits ausgefüllten vertraglichen Arbeitszeit des Betriebsratsmitglieds geleistet wird. Vielmehr kommt es für den Freizeitausgleichsanspruch nach § 37 Abs. 3 Satz 1 BetrVG ausschließlich darauf an, ob die Betriebsratstätigkeit aus betriebsbedingten Gründen zu einer Zeit zu leisten ist, zu der das Betriebsratsmitglied keine Arbeitsleistungen zu erbringen hätte.[109] Das gilt entsprechend für die Teilnahme an Schulungs- und Bildungsveranstaltungen. Betriebsbedingte Gründe im Sinne des § 37 Abs. 3 BetrVG liegen dabei auch vor, wenn wegen Besonderheiten der betrieblichen Arbeitszeitgestaltung

105 BAG v. 8. 10. 1981, NJW 1982, 1348; DKW/*Wedde*, § 37 Rn. 50 m. w. N.
106 BAG v. 18. 5. 2016 – 7 AZR 401/14 – NZA 2016, 1212; BAG v. 29. 8. 2018 – 7 AZR 206/17 – NZA 2019, 253.
107 BAG v. 29. 6. 1988, AP Nr. 1 zu § 24 BPersVG; BAG v. 31. 7. 1986, AP Nr. 55 zu § 37 BetrVG 1972.
108 DKW/*Wedde*, § 37 Rn. 52.
109 BAG v. 15. 5. 2019 – 7 AZR 396/17 – NZA 2019, 1497.

die Schulung des Betriebsratsmitglieds ganz oder teilweise außerhalb seiner Arbeitszeit stattfindet. Der Ausgleichsanspruch ist aufgrund der gesetzlichen Regelung in § 37 Abs. 6 Satz 2 BetrVG pro Schulungstag allerdings auf die Arbeitszeit eines vollzeitbeschäftigten Arbeitnehmers begrenzt. Nimmt z. B. ein vollzeitbeschäftigtes Betriebsratsmitglied an einer Schulungsveranstaltung teil, die an einem arbeitsfreien Samstag oder nach Dienstschluss am Abend stattfindet, lässt dies in einem von montags bis freitags arbeitenden Betrieb keinen Anspruch auf Freizeitausgleich entstehen.[110]

Kurzarbeit

Besonderheiten sind zu berücksichtigen, wenn sich während der Schulungsmaßnahme die übliche Arbeitszeit im Betrieb verändert: Bei **Kurzarbeit** sollen Schulungsteilnehmende nur das gekürzte Entgelt und im Übrigen Kurzarbeitergeld von der Arbeitsagentur beanspruchen können.[111] Diese Auffassung wirft nach Änderung des § 37 Abs. 3 und Abs. 6 BetrVG, wonach ein Ausgleichsanspruch entsteht, wenn Betriebsratstätigkeit aus betriebsbedingten Gründen außerhalb der Arbeitszeit verrichtet wird, Bedenken auf. Ohnehin wenden Betriebsratsmitglieder für die Teilnahme an ganztägigen Seminaren meistens mehr Zeit auf als ihre Kollegen und Kolleginnen im Betrieb für Kurzarbeit.[112]

Bei dieser Fragestellung ist zwischen Betriebsratsmitgliedern zu unterscheiden, die nach § 38 BetrVG freigestellt sind und solchen, die nur zeitweise Betriebsratsaufgaben ausüben. Für diejenigen, die gänzlich von der Arbeit freigestellt sind, fällt anders als für ein nicht freigestelltes Belegschaftsmitglied in der Regel keine Arbeit weg. Durch Kurzarbeit verringert sich die Betriebsratstätigkeit nicht. Die volle Vergütung muss daher während der Kurzarbeitsphase weitergezahlt werden, auch wenn das freigestellte Betriebsratsmitglied währenddessen an einem Seminar teilnimmt.[113]

Nicht freigestellte Betriebsratsmitglieder erhalten – sofern keine »Kurzarbeit Null« angeordnet wurde – das für die Rest-Arbeitszeit geschuldete Entgelt während der Kurzarbeit. Kommt das Betriebsratsmitglied aber aufgrund der Betriebsratstätigkeit über die maßgebliche Dauer der Kurzarbeit hinaus, weil der Betriebsrat mehr als die übliche Regelarbeitszeit auf die Wahrnehmung seiner Aufgaben verwenden muss, greift § 37 Abs. 3 BetrVG ein. D. h. für die einzelnen Betriebsratsmitglieder besteht ein Anspruch auf Freizeitausgleich.

---

110 Sächs. LAG v. 21. 3. 2022 – 2 Sa 77/21 – BB 2022, 1523.

111 LAG Hamm v. 2.12.1992, DB 1993, 1944; ArbG Aachen v. 19.6.1974, DB 1975, 136.

112 DKW/*Wedde*, § 37 Rn. 169; *Görg*, AiB 1981, 124; a.A. allerdings BAG v. 23.4.1974 u.v. 31.7.1986, AP Nrn. 11, 55 zu § 37 BetrVG 1972.

113 Fachliche Weisungen Kurzarbeitergeld, Bundesagentur für Arbeit, Stand 20.12.2018, S.11, 12.

Beispiel

Marcel Marquardt ist als Betriebsratsmitglied nicht freigestellt. Er ist »auf Kurzarbeit«. Seine ansonsten übliche Arbeitszeit ist während der Kurzarbeit auf 15 Stunden pro Woche reduziert. Während der Kurzarbeitsphase nimmt er an einem dreitägigen Seminar teil. Damit überschreitet er sein wöchentliches Kurzarbeitskontingent um 10 Stunden. Er kann für 10 Stunden Freizeitausgleich verlangen.

Ist im Betrieb »Kurzarbeit null« angeordnet, ist Betriebsratstätigkeit nicht »während der Arbeitszeit« möglich. Sie kann zwangsläufig nur noch außerhalb der betriebsüblichen Zeit stattfinden. Somit fällt Betriebsratstätigkeit ab der ersten Stunde unter § 37 Abs. 3 BetrVG.

Streik

Findet während der Schulungsteilnahme im Betrieb ein **Streik** statt, bleibt der volle Entgeltfortzahlungsanspruch für Schulungsteilnehmende erhalten. Das setzt voraus, dass der Schulungstermin vor Beginn des Arbeitskampfes bereits feststand. Der Arbeitgeber ist von der Entgeltfortzahlung nur dann befreit, wenn sich das Betriebsratsmitglied an dem Streik beteiligt.[114]

Durch die Arbeitsversäumnis anlässlich des Seminarbesuchs darf z. B. nicht die **Jahressonderzuwendung** gekürzt werden. Ebenso sind vermögenswirksame Leistungen zu gewähren – selbst wenn in der Regelung der Anspruch an die tatsächliche Arbeitsleistung geknüpft wird.[115]

4.3 Besonderheiten für teilzeitbeschäftigte Betriebsratsmitglieder und Betriebsratsmitglieder in roulierenden Schichtsystemen

Ungleichbehandlung

Teilzeitbeschäftigte Betriebsratsmitglieder haben ebenso Anspruch auf Schulungen wie vollzeitbeschäftigte Betriebsratsmitglieder. Sie können wie ihre vollzeitbeschäftigten Kollegen und Kolleginnen an ganztägigen, ein- oder mehrwöchigen Seminaren teilnehmen. Der **Unterschied** besteht allerdings hinsichtlich der **Arbeitszeit**: Vollzeitbeschäftigte Betriebsratsmitglieder erhalten für die Teilnahme an einer ganztägigen Schulung ihr übliches Entgelt. Nach früherer Rechtslage sollten teilzeitbeschäftigte Betriebsratsmitglieder bei demselben zeitlichen Aufwand wie ihre vollzeitbeschäftigten Kollegen und Kolleginnen nur das für ihre Teilzeittätigkeit bemessene Entgelt bekommen. Für den Anteil der Schulung in

114 BAG v. 15. 1. 1991 – 1 AZR 178/90 – AP Nr. 114 zu Art. 9 GG Arbeitskampf.

115 Vgl. FTLSS, § 37 Rn. 183 m. w. N.

ihrer arbeitsfreien Zeit wurde ihnen ein Ausgleichsanspruch verwehrt. Ähnliches galt für Betriebsratsmitglieder in roulierenden Schichtsystemen.

Beispiel

In dem Betrieb von Hannes Hansen wird in Vollkonti-Schicht gearbeitet, d.h. an jedem Tag der Woche. Wenn der Schichtplan von Hannes Hansen vorsieht, dass er an einem Samstag arbeiten muss, sind für ihn der Freitag, Samstag und Sonntag der darauffolgenden Woche laut Betriebsvereinbarung arbeitsfrei. Wie verhält es sich mit dem arbeitsfreien Freitag, wenn er in dieser Woche an einer Schulung teilnimmt, die von Montag bis Freitag stattfindet?

Bis zur Reform des BetrVG im Jahr 2001 war strittig, ob teilzeitbeschäftigten Betriebsratsmitgliedern oder Betriebsratsmitgliedern in roulierenden Arbeitszeitsystemen ein Ausgleich für die Zeit zusteht, die sie für die Schulung in ihrer arbeitsfreien Zeit aufwenden. Das BAG lehnte jegliche Ausgleichsansprüche ab,[116] obwohl der EuGH hinsichtlich teilzeitbeschäftigter Betriebsratsmitglieder mehrfach entschied, dass die Schlechterstellung eine Form mittelbarer Diskriminierung darstellt. Schließlich handelt es sich bei der überwiegenden Zahl der teilzeitbeschäftigten Betriebsratsmitglieder um Frauen.[117]

Diese **Streitfrage** wurde 2001 mit einer Änderung des BetrVG **geklärt**. Durch die Änderung des § 37 Abs. 6 und 7 BetrVG wurde – wie schon im vorherigen Abschnitt ausgeführt – klargestellt, dass immer dann, wenn Betriebsratsarbeit aus »betriebsbedingten Gründen« außerhalb der persönlichen Arbeitszeit geleistet wird, ein **Ausgleichsanspruch nach § 37 Abs. 3 BetrVG** in Form bezahlter Arbeitsbefreiung entsteht. Besonderheiten der betrieblichen Arbeitszeitgestaltung gelten als »betriebsbedingte Gründe«. Sowohl die Teilzeitbeschäftigung als auch die Arbeit in einem Rouliersystem stellen Besonderheiten der betrieblichen Arbeitszeitgestaltung dar, so dass den unter diesen Arbeitszeitbedingungen tätigen Betriebsratsmitgliedern ein Ausgleichsanspruch zusteht.

Mit der Änderung des § 37 Abs. 6 BetrVG wurde ebenfalls gesetzlich geregelt, dass der **Ausgleichsanspruch** unter Einbeziehung der für den Schulungstag ohnehin erfolgten Arbeitsbefreiung **begrenzt** ist auf die Arbeitszeit eines vollzeitbeschäftigten Arbeitnehmers bzw. einer vollzeitbeschäftigten Arbeitnehmerin. Überschreitet der Umfang der berücksichtigungsfähigen Schulungszeit die

116 BAG v. 5.3.1997 – 7 AZR 581/92.

117 EuGH v. 4.6.1992, DB 1992, 1481; EuGH v. 6.2.1995, AP Nr. 72 zu Art. 119 EWG Vertrag; EuGH v. 6.2.1996, v. 7.3.1996, AiB 1996, 375.

Arbeitszeit von Vollzeitbeschäftigten, ist für die Berechnung des Ausgleichsanspruchs ihre gesamte Arbeitszeit, aber auch nur diese, heranzuziehen. Zur Vermeidung der Besserstellung Teilzeitbeschäftigter gegenüber Vollzeitbeschäftigten ist der Ausgleichsanspruch gedeckelt.[118]

Beispiel

Conny Kunze nimmt an einer ganztägigen Schulung teil, die von 8.30–17.00 Uhr dauert. Ihre Arbeitszeit beginnt um 7.30 Uhr und endet um 13.30 Uhr. In ihrer Abteilung arbeiten die vollzeitbeschäftigten Kolleginnen und Kollegen bei gleichem Arbeitszeitbeginn bis 15.30 Uhr. Sie erhält Entgeltfortzahlung nicht nur entsprechend ihrer sechsstündigen Arbeitszeit, sondern entsprechend der Arbeitszeit der Vollzeitbeschäftigten – also 7,5 Stunden. Allerdings bekommt sie keine Vergütung für den zeitlichen Aufwand von 15.30 bis 17.00 Uhr.

Für die Seminarteilnahme eines teilzeitbeschäftigten Betriebsratsmitgliedes wird also nicht die vertraglich vereinbarte Arbeitszeit berücksichtigt, sondern maximal die Arbeitszeit von Vollzeitbeschäftigten, auch wenn der tatsächliche Zeitaufwand deren Stundenumfang übersteigt. Der zeitliche Aufwand für die Seminarteilnahme vollzeit- und teilzeitbeschäftigter Betriebsratsmitglieder ist in gleicher Höhe begrenzt. Dieses Prinzip ist auch dann zugrunde zu legen, wenn der Arbeitgeber in überwiegendem Maß nur Teilzeitarbeitnehmer und -arbeitnehmerinnen beschäftigt. Der Anspruch setzt nicht voraus, dass in der Abteilung des teilzeitbeschäftigten Betriebsratsmitglieds auch Vollzeitbeschäftigte arbeiten.[119]

Wenn in einem Betrieb keine Vollzeitbeschäftigten arbeiten, ist der Entgeltanspruch teilzeitbeschäftigter Betriebsratsmitglieder dennoch nach dem Arbeitszeitumfang Vollzeitbeschäftigter zu bemessen. Nach § 2 Abs. 1 Satz 4 TzBfG ist die Arbeitszeit von Vollzeitbeschäftigten anhand des für den Betrieb fachlich geltenden Tarifvertrages – bei Fehlen eines entsprechenden Tarifvertrags nach der Branchenüblichkeit – zu bestimmen.[120]

Das teilzeitbeschäftigte Betriebsratsmitglied hat für die die individuelle Arbeitszeit übersteigende Zeit Anspruch auf Freizeitausgleich gem. § 37 Abs. 3 Satz 1

118 LAG Baden-Württemberg v. 27.9.2006 – 20 Sa 88/05 – juris.

119 LAG Niedersachsen v. 12.9.2008 – 12 Sa 903/08 – juris.

120 LAG Köln v. 18.1.2013 – 10 Sa 723/12 – juris (in dem Entscheidungsfall eines teilbeschäftigten Zeitungszustellers half auch die Branchenüblichkeit nicht weiter, so dass auf die Bereiche der Zeitungsverlage bzw. des Druckgewerbes abzustellen war).

BetrVG. Ein Vergütungsanspruch entsteht erst, wenn der Freizeitausgleich gem. § 37 Abs. 3 Satz 3 BetrVG aus betriebsbedingten Gründen nicht gewährt wird.[121]

5. Welche Kosten trägt der Arbeitgeber?

Kostenübernahme

Der Arbeitgeber hat die durch die Tätigkeit des Betriebsrats entstehenden Kosten gem. § 40 Abs. 1 BetrVG zu zahlen. Der Besuch von Schulungen nach § 37 Abs. 6 BetrVG ist Betriebsratstätigkeit. Der Arbeitgeber hat daher die Kosten für die Teilnahme einer Schulung zu tragen, sofern das dort vermittelte Wissen für die Betriebsratsarbeit erforderlich ist.[122] Klar ist, dass der Arbeitgeber das Entgelt von Schulungsteilnehmenden für die Arbeitszeit fortzuzahlen hat, das sie bekämen, wenn sie – statt an einer Schulung teilzunehmen – im Betrieb gearbeitet hätten. Der Arbeitgeber muss nicht den exakten Zeitaufwand für die Seminarteilnahme vergüten, sondern nur die Arbeitszeit, die das Betriebsratsmitglied im Betrieb hätte arbeiten müssen, wenn es nicht an der Schulung teilgenommen hätte. Entsprechend hat er einem Betriebsratsmitglied die wegen der Seminarteilnahme nicht erbrachte Arbeitszeit im Betrieb dem Arbeitszeitkonto gutzuschreiben.[123]

Für teilzeitbeschäftigte Betriebsratsmitglieder sind die zuvor im Abschnitt 4.3. genannten Grundsätze zu beachten. Sollten die Seminarzeiten über die betriebliche Arbeitszeit hinausgehen, entsteht dadurch kein höherer Vergütungsanspruch.

Bei der Seminarteilnahme umfasst die Erstattungspflicht des Arbeitgebers neben der Entgeltfortzahlung weitere Kosten.

5.1 Vergütung von Reisezeiten?

An- und Abreise

Mit der Entgeltfortzahlung wird nicht der gesamte zeitliche Aufwand im Zusammenhang mit einem Seminar abgegolten. Viele Seminarteilnehmende haben bei einer auswärtigen Schulung lange **An- und Abreisezeiten,** weil der Seminarort weit vom Wohnort entfernt ist und/oder schlechte Verkehrsverbindungen bestehen.

121 LAG Berlin-Brandenburg v. 11. 6. 2010 – 6 Sa 675/10 – AuA 2010, 610.

122 St. Rspr. BAG v. 28. 3. 2007 – 7 ABR 33/06 – AP Nr. 89 zu § 40 BetrVG; BAG v. 4. 6. 2003 – 7 ABR 42/02 – AP Nr. 136 zu § 37 BetrVG 1972; BAG v. 8. 3. 2000 – 7 ABR 11/98 – AP Nr. 68 zu § 40 BetrVG 1972.

123 LAG Hamm v. 16. 1. 2015 – 13 Sa 1046/14 – juris.

Beispiel

Tobias Schulze wurde zu dem Wochenseminar »Datenschutz und Arbeitnehmerüberwachung im Betrieb« entsandt. Er muss am Sonntagabend anreisen, um bei Seminarbeginn am Montagmorgen um 8.30 Uhr dabei sein zu können. Er nimmt am Sonntag um 14.00 Uhr den Zug und trifft Sonntagabend in der Bildungsstätte ein. Der Sonntag ist für Tobias Schulze kein Arbeitstag. Nach Ende des Seminars am Freitag kommt er abends um 20.00 Uhr wieder nach Hause. Er hätte an diesem Tag um 16.00 Uhr Feierabend gehabt. Kann er für die arbeitsfreie Zeit, die er für An- und Abreise aufgewandt hat, Vergütung verlangen?

Nicht selten erfolgt die Anreise zu Schulungen schon am Vorabend. Das Seminar beginnt häufig mit der Vorstellung des Seminarprogramms und einer Kennenlernrunde. Das hat den Vorzug, dass am Morgen des folgenden Tages das Seminar rechtzeitig mit allen Teilnehmenden beginnen kann. Dieser Ablauf wird insbesondere bei einwöchigen Schulungen praktiziert, wenn Teilnehmende weite Anreisen haben. Wie zuvor ausgeführt, müssen Betriebsratsmitglieder arbeitsfreie Zeit opfern, wenn die Anreise zu Zeiten außerhalb ihrer Arbeitszeit erfolgt.

Auferlegtes »Freizeitopfer«

Ob **Reisezeiten,** die bei einem Seminarbesuch in der arbeitsfreien Zeit anfallen, **vergütungspflichtig** sind, kann nicht eindeutig mit »Ja« beantwortet werden. Reisezeiten zum Schulungsort bzw. die Rückreise nach Hause fällt nicht unmittelbar unter § 37 Abs. 3 BetrVG, weil sie nicht als Zeiten der Mandatsausübung akzeptiert sind. Reisezeiten außerhalb der Arbeitszeit lösen nach Ansicht der Rechtsprechung einen Ausgleichsanspruch nur dann aus, wenn sie mit der Durchführung der Betriebsratstätigkeit in einem unmittelbaren Zusammenhang stehen. Wegen des Benachteiligungs- und Begünstigungsgebots des § 78 Satz 2 BetrVG werden die gleichen Maßstäbe wie für Dienstreisen anderer Arbeitnehmer und Arbeitnehmerinnen angelegt.[124]

Allerdings ist die Rechtslage hinsichtlich der Vergütung von Dienstreisen nicht eindeutig. Die Rechtsprechung stellt für die Vergütung oder Nicht-Vergütung von Reisezeiten auf die »Beanspruchung« während der Fahrt ab. Werden die Reisenden in einem Maße beansprucht, dass es als Arbeitszeit zu bewerten ist, ist von Arbeitszeit auszugehen.[125] Für Fahrten mit dem PKW gilt, dass bei denjenigen, die selbst am Steuer eines PKW sitzen, wegen der Beanspruchung während der Fahrt die Zeit als Arbeitszeit zu vergüten ist. Gleiches gilt für diejenigen,

124 BAG v. 3. 9. 1997 – 5 AZR 428/96 – AP Nr. 1 zu § 611 BGB Dienstreise; BAG v. 27. 7. 2016 – 7 AZR 255/14 – NZA 2016, 1418.

125 BAG v. 11.7.2006 – 9 AZR 519/05 – NZA 2007, 155.

die als Beifahrer bzw. Beifahrerin auf den Verkehr achten oder die Route vorgeben. Wer lediglich auf dem Rücksitz Platz genommen hat und sich währenddessen mit seinem Handy beschäftigt, bekommt keine Arbeitszeit angerechnet. Für Bahnfahrten gilt, dass die Reise derjenigen als Arbeitszeit zu bewerten ist, die während der Bahnfahrt z.B. ihre dienstlichen E-Mails checken und beantworten oder sich mit anderen beruflichen Aufgaben beschäftigen oder als Betriebsratsmitglied die Unterlagen des Arbeitgebers studieren oder eine Präsentation am Laptop erarbeiten. Denjenigen, die lediglich während der Fahrt einen Film anschauen oder Zeitung lesen, wird keine Arbeitszeit anerkannt.[126]

Anders bewertet das Verwaltungsgericht Lüneburg Reisezeiten. Es wendet sich gegen die Beanspruchungstheorie des BAG und knüpft die Vergütungspflicht von Reisezeiten nicht daran, ob Arbeitnehmer und Arbeitnehmerinnen während der Fahrtzeit beansprucht sind. Es hat sich richtigerweise an die europarechtskonforme Auslegung der Arbeitszeit orientiert und Fahrtzeiten anerkannt, selbst wenn Beschäftigte währenddessen keine dienstliche Tätigkeit verrichten.[127] Nach Art. 2 Nr. 1 der EU-Arbeitszeitrichtlinie 2003/88/EG ist als Arbeitszeit nämlich jede Zeitspanne zu werten, während der ein Arbeitnehmer bzw. eine Arbeitnehmerin gemäß den einzelstaatlichen Rechtsvorschriften und/der Gepflogenheiten arbeitet, dem Arbeitgeber zur Verfügung steht und seine Tätigkeit ausübt oder Aufgaben wahrnimmt. Arbeitszeit unterscheidet sich danach nur von der Ruhezeit. Beide Begriffe schließen einander aus.[128] Die EU-Arbeitszeitrichtlinie sieht keine Zwischenkategorie zwischen Arbeitszeit und Ruhezeit vor, was der EuGH bereits bestätigt hat.[129] Ob sich Arbeitsgerichte der Entscheidung des VG Lüneburg anschließen, bleibt abzuwarten.

Unabhängig von der komplexen Rechtsprechung zu Reisezeiten kann sich ein eindeutiger Anspruch auf Vergütung aus einer tarifvertraglichen oder betrieblichen Regelung über die Durchführung von Dienstreisen ergeben.[130] Nach der bisherigen Rechtsprechung sind Reisezeiten zu Betriebsratsseminaren eindeutig vergütungspflichtig, wenn tarifvertragliche oder betriebliche Regelungen bestehen, wonach Reisezeiten grundsätzlich zu vergüten sind.[131]

---

126 Vgl. zur Vergütung von Dienstreisen *Spengler*, AiB 2/2004, 24 ff.

127 VG Lüneburg v. 2.5.2023 – 3 A 146/22.

128 EuGH v. 10.9.2015 – C-266/14 – juris; vgl. auch EuGH v. 9.9.2003 – C-151/02 – juris.

129 EuGH v. 10.9.2015 – C-266/14 – juris.

130 BAG v. 21.9.1977 – 4 AZR 292/76 – AP Nr. 3 zu § 19 MTB II; BAG v. 16.4.2003 – 7 AZR 423/01 – NZA 2004, 171; BAG v. 21.6.2006 – 7 AZR 389/05 – NZA 2006, 1417; BAG v. 12.8.2009 – 7 AZR 218/08 – NZA 2009, 1284; vgl. dazu *Spengler*, AiB 2/2024, 24 ff.

131 BAG v. 10.11.2004 – 7 AZR 131/04 – NZA 2005, 704; BAG v. 16.2.2005 – 7 AZR 330/04 – NZA 2005, 936.

Ohnehin orientiert sich nicht jeder Arbeitgeber an der restriktiven Rechtsprechung der Arbeitsgerichtsbarkeit, sondern vergütet Reisezeiten, auch wenn keine betrieblichen oder tariflichen Regelungen existieren. Es wäre jedenfalls folgerichtig, dass Betriebsratsmitglieder für An- und Abreisezeiten Freizeitausgleich bzw. Mehrarbeitsvergütung erhalten. Schließlich handelt es sich bei Seminarbesuchen um erforderliche Betriebsratsarbeit.

5.2 Verhältnismäßigkeit der Kosten

Der Besuch einer Schulungs- und Bildungsveranstaltung verursacht unterschiedliche Kosten. Das beginnt mit den Seminargebühren des Veranstalters und endet mit der Reiseverpflegung der Teilnehmenden.

Kostenbegrenzung

Der Arbeitgeber ist nach § 40 Abs. 1 BetrVG verpflichtet, die Kosten zu tragen, die durch die Tätigkeit des Betriebsrats entstehen, sofern sie **erforderlich** und **verhältnismäßig** sind.[132] Der Arbeitgeber muss somit nicht die Kosten einer nicht erforderlichen Schulung oder nicht verhältnismäßige Kosten einer ansonsten erforderlichen Schulung erstatten.[133] Das Gebot der Verhältnismäßigkeit kann dazu führen, dass die Kosten einer erforderlichen Schulung nur zum Teil erstattet werden, weil der Betriebsrat z.B. zu hohe Spesen oder Reisekosten verursacht hat. Darüber hinaus spielen bei der Kostenerstattungspflicht weitere Gesichtspunkte eine Rolle wie die Dauer der Veranstaltung im Hinblick auf die behandelten Themen, die örtliche Lage der Schulungsveranstaltung, die Anzahl der Schulungsteilnehmenden[134] sowie die Größe und Leistungsfähigkeit des Betriebes.[135]

Neben der inhaltlichen Auswahl versuchen Arbeitgeber mit Kostenargumenten auf die Auswahlentscheidung Einfluss zu nehmen. Der Betriebsrat hat zwar auf die Verhältnismäßigkeit der Kosten Rücksicht zu nehmen. Er ist jedoch nicht verpflichtet, aus dem umfänglichen Angebot von Betriebsräteseminaren eine kostengünstige oder gar die **»billigste« Veranstaltung** auszuwählen.[136] Er muss sich schon gar nicht auf eine kostenfreie Schulung einer Arbeitgebervereinigung oder

132 BAG v. 31.10.1972, 29.1.1974, 8.10.1974, AP Nrn. 2, 5, 7 zu § 40 BetrVG 1972.

133 FTLSS, § 40 Rn. 72.

134 BAG v. 14.1.2015 – 7 ABR 95/12 – NZA 2015, 632.

135 BAG v. 27.9.1974 – 1 ABR 71/73 – AP Nr. 18 zu § 37 BetrVG 1972; BAG v. 28.6.1995, AP Nr. 48 zu § 40 BetrVG 1972; BAG v. 19.3.2008 – 7 ABR 2/07 – juris.

136 BAG v. 7.2.2024 – 7 ABR 8/23 – NZA 2024, 767; LAG Rheinland-Pfalz v. 20.5.2020 – 7 TaBV 11/19 – juris.

anderer Institutionen verweisen lassen.[137] Das BAG hat bestätigt, dass der Arbeitgeber mit denjenigen Kosten belastet werden darf, die der Betriebsrat der Sache nach für **verhältnismäßig** und damit für den Arbeitgeber für zumutbar halten kann. Die Auswahl des Seminars muss also nicht nach reinen Kostenerwägungen getroffen werden. Der Betriebsrat kann sich für eine mit höheren Kosten verbundene Schulung entscheiden, wenn er diese für qualitativ besser hält.[138]

Verhältnismäßigkeit der Kosten

Welche Kosten dabei verhältnismäßig sind, hängt von der betrieblichen Situation ab. Dabei kann sich der Betriebsrat an der bisherigen Praxis der Kostenübernahme orientieren oder an dem Kostenaufwand für Schulungen des Führungspersonals. Dieser dürfte im Allgemeinen wesentlich höher ausfallen als die Kosten eines Betriebsräteseminars gleicher Dauer.[139] Im **Vergleich zu Managementschulungen** ist der Kostenumfang für Betriebsräteseminare in aller Regel deutlich niedriger. Bei der Auswahl eines gewerkschaftlichen Seminars ist das **finanzielle Risiko** gut kalkulierbar. Die Seminarkosten fallen in der Regel gegenüber Seminaren privater Anbieter günstiger aus.

Gewerkschaftliche Schulungen

Sehr hilfreiche Hinweise zur Auswahl des Seminaranbieters enthält der Beschluss des BAG vom 28.6.1995: Das BAG vertritt darin die Auffassung, dass der Betriebsrat seine **Auswahlentscheidung zugunsten eines gewerkschaftlichen bzw. gewerkschaftsnahen Anbieters** schon deshalb treffen darf, weil solche Veranstaltungen eine an den praktischen Bedürfnissen der Betriebsratsarbeit ausgerichtete Wissensvermittlung erwarten lassen. Außerdem erkennt das BAG an, dass eine gemeinsame Gewerkschaftszugehörigkeit ein Klima gegenseitigen Vertrauens schaffe, das den Schulungserfolg fördere.[140] Diese Entscheidung berücksichtigt die **unterschiedlichen Bildungskonzepte** der Gewerkschaften und gewerkschaftsnahen Einrichtungen einerseits und die der kommerziellen Anbieter andererseits bzw. deren Ansprüche an die Bildungsarbeit.[141] Der Betriebsrat kann – zumindest bei vergleichbaren Angeboten – einem von seiner Gewerkschaft oder einem gewerkschaftsnahen Anbieter wie z. B. dem DGB Bildungswerk angebotenem Seminar den Vorzug geben.

---

137 BAG v. 19.3.2008 – 7 ABR 2/07 – juris. Allerdings verlangt das BAG in dem Beschluss die Prüfung der Erforderlichkeit nach »pflichtgemäßem Ermessen«, was zwar im verwaltungsrechtlichen Ermächtigungshandeln Sinn ergibt, jedoch nicht Maßstab des Betriebsratshandelns sein kann; ablehnend auch *Blank*, AiB 1993, 487. Ansonsten in diesem Sinne auch LAG Köln v. 11.4.2002, AiB 2003, 487; BAG v. 28.6.1995, – 7 ABR 55/94 – AiB 1995, 731; LAG München v. 30.10.2012 – 6 TaBV 39/12 – LAGE § 37 BetrVG 2001 Nr. 6.

138 BAG v. 19.3.2008 – 7 ABR 2/07 – juris; HessLAG v. 14.5.2012 – 16 TaBV 226/11 – juris.

139 *Wedde*, AuR 1994, 53.

140 BAG v. 28.6.1995, DB 1995, AiB 1995, 731.

141 Dazu *Peter*, PersR 1995, 537; zu weiteren Auswirkungen der Entscheidung *Däubler*, AiB 1995, 732 f.

In anderen Fällen, in denen es sich nicht um eine Schulung eines gewerkschaftlichen oder gewerkschaftsnahen Anbieters handelt, muss der Betriebsrat bei der Auswahl einer Veranstaltung Kostengesichtspunkte stärker berücksichtigen. Er kommt eher in Erklärungsnöte, um zu begründen, warum er ein teureres Seminar ausgewählt hat, obwohl mit dem Besuch eines vergleichbaren Seminars weniger Kosten entstehen. Eine erhebliche Preisdifferenz zwischen mehreren Angeboten muss er mit sachlichen Argumenten begründen können. Bei der Auswahlentscheidung kann von Bedeutung sein, dass ein anderer als der vom Betriebsrat ausgewählte Veranstalter eine vergleichbare Schulung an einem Ort anbietet, bei der weder Fahrtkosten noch Übernachtungskosten anfallen. Ferner kann eine Rolle spielen, dass ein anderer Veranstalter eine um einen Tag kürzere Fortbildung mit vergleichbaren Inhalten anbietet. Diese Aspekte sind dann zu berücksichtigen, wenn der Betriebsrat zwischen vergleichbaren Seminaren verschiedener Veranstalter wählen kann.[142]

Der Betriebsrat hat nach einer Entscheidung des Arbeitsgerichts Trier unter Umständen ein Inhouse-Seminar zu akzeptieren, wenn der Besuch eines inhaltsgleichen externen Seminars zu einer deutlichen Mehrbelastung (z. B. 70 %) führen würde und keine gewichtigen Interessen des Betriebsrats entgegenstehen. Diese Entscheidung lässt sich allerdings nicht verallgemeinern, weil es in dem Fall um einen Vergleich von Seminaren des gleichen Anbieters ging.[143] Auf ein Inhouse-Seminar muss sich der Betriebsrat nicht verweisen lassen, wenn er seine Mitglieder zu einem Gewerkschaftsseminar entsenden möchte.

5.3 Seminargebühren, Unterkunft und Verpflegung

Für die Teilnahme an einem Seminar nach § 37 Abs. 6 BetrVG muss der Arbeitgeber neben den eigentlichen Seminargebühren die notwendigen Übernachtungs- und Verpflegungskosten des Betriebsratsmitglieds übernehmen.[144] Teilweise verlangen Arbeitgeber, dass Betriebsratsmitglieder ein Seminar an ihrem Wohn- oder Arbeitsort besuchen, damit keine Übernachtungskosten entstehen. Ob die Betriebsratsmitglieder auf eine nahe gelegene Bildungsveranstaltung verwiesen werden können, hängt von weiteren Bedingungen ab. Der Arbeitgeber hat jedoch die Kosten für Unterkunft[145] und Verpflegung auch bei einer Semi-

142 LAG Hamm v. 4. 11. 2013 – 16 TaBVGa 179/13 – juris.

143 ArbG Trier v. 20. 11. 2014 – 3 BV 11/14 – ArbRB 2015, 77.

144 BAG v. 27. 5. 2015 – 7 ABR 26/13 – NZA 2015, 1141; BAG v. 17. 11. 2019 – 7 ABR 113/09 – NZA 2011, 816.

145 Der Arbeitgeber muss Übernachtungskosten dann erstatten, wenn das betreffende Betriebsratsmitglied 5 km vom Veranstaltungsort entfernt wohnt. Vgl. BAG v. 7. 6. 1984 – 6 ABR 66/81 – AP Nr. 24 zu § 40 BetrVG 1972.

narteilnahme in der Nähe zu zahlen, wenn die tägliche An- und Abreise für das Betriebsratsmitglied wegen Verkehrsbedingungen und Witterungsverhältnissen unzumutbar ist.[146]

Seminarqualität

Der Betriebsrat muss bei Auswahlentscheidungen zwar den Verhältnismäßigkeitsgrundsatz beachten. Dies verpflichtet ihn nicht aber generell, die Kosten so niedrig wie möglich zu halten. Der Beurteilungsspielraum des Betriebsrats würde dadurch erheblich eingeschränkt.

Leider kommt es immer wieder vor, dass sich die Instanzgerichte an diese Vorgaben des BAG nicht halten. Teilweise betreiben sie selbst Marktanalysen, um die Seminarauswahl des Betriebsrats aus Verhältnismäßigkeitsgründen abzuwehren.

Das BAG verlangt zwar, dass bei **mehreren gleichgewichtigen Veranstaltungen** diejenige auszuwählen ist, die die geringsten Kosten verursacht.[147] Der Betriebsrat muss aber nicht die billigste Alternative wählen, wenn er eine andere Schulung für qualitativ besser hält.[148] Der Beurteilungsspielraum des Betriebsrats bezieht sich auch auf den Inhalt der Schulungsveranstaltung. Nur wenn mehrere gleichzeitig angebotene Veranstaltungen nach Ansicht des Betriebsrats im Rahmen des ihm zustehenden Beurteilungsspielraums als qualitativ gleichwertig anzusehen sind, kommt eine Beschränkung der Kostentragungspflicht des Arbeitgebers auf die Kosten der preiswerteren Veranstaltung in Betracht.[149] Die Entsendung eines Betriebsratsmitglieds an einen entfernten Seminarort ist jedenfalls gerechtfertigt, wenn eine nähere Schulungsstätte, bei der keine Übernachtungskosten und geringere Fahrtkosten anfallen, ausgebucht und eine längere Wartezeit nicht zumutbar ist.[150]

Unabhängig von zeitlichen Aspekten hat das BAG anerkannt, dass bei der Wahl zwischen einer qualitativ höherwertigen Schulungsveranstaltung mit höheren Kosten und einer weniger guten mit geringeren Kosten im Interesse einer sachgerechten Schulung im Zweifel der **qualitativ höherwertigen Veranstaltung** der

146 BAG v. 27.5.2015 – 7 ABR 26/13 – NZA 2015, 1141; BAG v. 28.3.2007 – 7 ABR 33/06 – AP Nr. 89 zu § 40 BetrVG; BAG v. 19.3.2008 – 7 ABR 2/07 – juris.

147 BAG v. 23.4.1974 – 1 AZR 139/73 – AP Nr. 11 zu § 37 BetrVG 1972.

148 BAG v. 7.2.2024 – 7 ABR 8/23, NZA 2024, 767; BAG v. 28.9.2016 – 7 AZR 699/14 – NZA 2017, 69; BAG v. 19.3.2008 – 7 ABR 2/07.

149 BAG v. 28.9.2016 – 7 AZR 699/14 – NZA 2017, 69.

150 LAG Hamm v. 17.10.2003 – 10 TaBV 83/03 – AuR 2005, 37.

Vorzug zu geben ist. Dies gilt jedenfalls dann, wenn sich die Kosten in einem angemessenen Rahmen bewegen.[151]

Beispiel

Conny Kunze arbeitet in der Unternehmenszentrale in Hannover. Sie ist zu einem »BR kompakt«-Seminar im Bildungszentrum ihrer Gewerkschaft in Bayern angemeldet. Der Arbeitgeber versucht, sie auf ein entsprechendes Seminar eines anderen Anbieters in Hildesheim zu verweisen: Zum einen entstünden keine Unterbringungskosten, da sie zu Hause übernachten kann, zum anderen fallen weniger Fahrtkosten an. Conny Kunze kann darauf bestehen, an dem Seminar ihrer Gewerkschaft teilzunehmen.

Kostenerwägungen bei der Seminarauswahl hat das BAG stark relativiert. Danach sind der zu erwartende Schulungserfolg und die Effektivität der Wissensvermittlung höher zu bewerten als geringere Kosten. Wenn der Betriebsrat eine andere als die kostengünstigere Schulungsveranstaltung für qualitativ besser hält, kann er sich für die teurere entscheiden.[152]

Schulungserfolg

Der Betriebsrat kann seine **Auswahlentscheidung** bei vergleichbaren Seminarinhalten von dem Veranstalter selbst abhängig machen. Das BAG ist der Auffassung, dass **gewerkschaftliche und gewerkschaftsnahe Anbieter** eine an den praktischen Bedürfnissen der Betriebsratsarbeit ausgerichtete Wissensvermittlung erwarten lassen und dass eine gemeinsame Gewerkschaftszugehörigkeit ein **Vertrauensverhältnis** schafft, das den **Schulungserfolg** fördert. Der Betriebsrat hat ein Auswahlermessen bei der Wahl der Schwerpunkte, die in einem Seminar gesetzt werden. Diese Faktoren dürfen für die Auswahl einer bestimmten Veranstaltung ausschlaggebend sein. So müssen sich **Gewerkschaftsmitglieder** nicht aus Kostengründen auf Bildungsangebote konkurrierender Organisationen oder einer von Arbeitgebern getragenen Bildungseinrichtung verweisen lassen.[153]

Auch wenn die ausgewählte Schulungsveranstaltung an einem weiter entfernten Ort stattfindet als ein vergleichbares Seminar eines anderen Anbieters, muss nicht das örtlich nächstgelegene Seminar ausgewählt werden. In diesem Zusammenhang ist ebenfalls die zu erwartende Effektivität der Schulung zu berücksichtigen. Schon der Einsatz bestimmter **Lehrkräfte** oder die Verwendung

151 BAG v. 19.3.2008 – 7 ABR 2/07 – juris; so auch HessLAG v. 14.5.2012 – 16 TaBV 226/11 – NZA-RR 2012, 475.

152 BAG v. 19.3.2008 – 7 ABR 2/07 – juris.

153 BAG v. 28.6.1995 – 7 ABR 55/94 – AiB 1995, 731; ArbG Düsseldorf v. 3.9.2004, AiB 2004, 757.

bestimmter pädagogischer Hilfsmittel und **Methoden** können einen größeren Schulungserfolg versprechen.[154] Das Abstellen auf den Referenten hat allerdings seine Grenzen. Wenn eine Schulungsveranstaltung nahezu 50 % mehr kostet als eine inhaltlich vergleichbare, reicht es nicht, die Mehrkosten damit zu rechtfertigen, dass dem Betriebsrat der Referent aus früheren Seminaren bekannt ist.[155]

Keine Marktanalysen

Angesichts der Fülle an Seminarangeboten wäre es sehr realitätsfremd, wenn Arbeitgeber von Betriebsräten vor jeder Auswahlentscheidung **Marktanalysen** verlangen dürften. Betriebsräte haben wichtigere Aufgaben zu erledigen als Vergleichsangebote anzufordern und den Bildungsmarkt zu durchforsten. Der Betriebsrat ist weder zu Marktanalysen verpflichtet noch muss er den günstigsten Anbieter auswählen.[156] Wer sich für die Angebote seiner Gewerkschaft oder einer gewerkschaftsnahen Einrichtung entscheidet, braucht nach der BAG-Rechtsprechung keine Kostenprobleme zu befürchten, sofern die Schulung i. S. d. § 37 Abs. 6 BetrVG erforderlich ist. Besteht der Arbeitgeber dennoch auf den Besuch einer kostengünstigeren Veranstaltung, sollte man ihn bei dieser Gelegenheit auf Seminare des Führungspersonals verweisen, die er in der Regel ebenfalls finanziert. Es wird sich schnell feststellen lassen, dass Betriebsratsseminare bei einem **Kostenvergleich** wesentlich besser abschneiden.[157]

Nach der ständigen Rechtsprechung des BAG hat der Arbeitgeber **grundsätzlich** neben den eigentlichen Seminargebühren auch die notwendigen Reisekosten sowie Übernachtungs- und Verpflegungskosten zu tragen.[158] Übernachtung und Vollverpflegung während des Seminars und entsprechende Kostenerstattung waren lange unbestrittener Standard.

In letzter Zeit ist vermehrt festzustellen, dass Arbeitgeber dazu übergehen, die Seminarkosten in ihre Bestandteile zu zerlegen und die Kosten herausrechnen zu wollen, die nicht »zum Kern« des Seminars gehören. So verlangen einige Arbeitgeber bei mehrtätigen Seminaren, dass die Seminarteilnehmenden **täglich** zum Seminar **an- und abreisen**, um die Kosten für die Unterkunft einzusparen. Diese Rechnung geht nur bedingt auf. Denn den für die Übernachtungen eingesparten Kosten stehen höhere Fahrtkosten gegenüber. Der durch die tägliche An- und Abreise bedingte Aufwand ist Seminarteilnehmenden **nicht zumutbar**. Nach Ansicht des Arbeitsgerichts Bremen-Bremerhaven ist die tägliche An- und

154 HessLAG v. 14. 5. 2012 – 16 TaBV 226/11 – NZA-RR 2012, 475.

155 BAG v. 19. 3. 2008 – 7 ABR 2/07 – juris.

156 BAG v. 7.2.2024 – 7 ABR 8/23 – NZS 2024, 767; BAG v. 28. 9. 2016 – 7 AZR 699/14 – NZA 2017, 69; HessLAG v. 14. 5. 2012 – 16 TaBV 226/11 – NZA-RR 2012, 475.

157 DKW/*Wedde*, § 40 Rn. 85.

158 BAG v. 7.2.2024 – 7 ABR 8/23 – NZA 2024, 767; BAG v. 19. 3. 2008 – 7 ABR 2/07 – juris; BAG v. 28. 3. 2007 AP Nr. 89 zu § 40 BetrVG.

Abreise zu einem 40 km entfernten Seminarort zum Zweck der Einsparung der Übernachtungskosten unzumutbar.[159] Dem ist zuzustimmen. Schließlich sollen die Seminarteilnehmenden nicht gestresst ins Seminar gehen. Nicht zu unterschätzen sind die Gespräche und Kontakte, die Betriebsratsmitgliedern entgehen, wenn sie sich nicht in abendlichen Gesprächen mit anderen Teilnehmenden zum Erfahrungsaustausch treffen und von ihnen Ratschläge bekommen. Das ist Teil des Schulungszwecks und ein wesentlicher Bestandteil eines pädagogisch-didaktischen Gesamtkonzepts.[160]

Das BAG berücksichtigt ebenfalls den Nebeneffekt, dass bei Schulungsveranstaltungen nach § 37 Abs. 6 BetrVG der Gedanken- und Erfahrungsaustausch über die Betriebsratsarbeit nach Beendigung des Seminarprogramms fortgesetzt wird.[161] Das Betriebsratsmitglied muss daher selbst entscheiden, ob es am Tagungsort übernachtet, welche Verpflegung es wählt und welches Verkehrsmittel es nutzt.[162] Dies kann nicht nur für den Ausnahmefall gelten, dass ungünstige Witterungsbedingungen eine tägliche An- und Abreise unzumutbar werden lassen.[163]

Für den Fall, dass im Betrieb eine **Reisekostenregelung** existiert, die nur einen bestimmten Höchstbetrag an Übernachtungs- und Verpflegungskosten vorsieht, bindet diese auch Seminarteilnehmende.[164] Dies gilt allerdings nur unter der Bedingung, dass das Betriebsratsmitglied die Kosten für Unterkunft und Verpflegung anlässlich eines Seminars tatsächlich beeinflussen kann. Fallen die Übernachtungskosten im Tagungshotel höher aus als die Übernachtungspauschale der Reisekostenregelung, sind sie nach Ansicht des BAG trotz der Besonderheiten von Schulungsveranstaltungen nach § 37 Abs. 6 BetrVG verpflichtet, in ein günstigeres Quartier auszuweichen, sofern sie das Tagungshotel fußläufig oder mit öffentlichen Verkehrsmitteln erreichen können.[165] Bei Seminaren in sog. Internatsform (Komplettangebot inklusive Übernachtung und Verpflegung), wie sie von der IG Metall durchgeführt werden, sind die Kosten nicht von den Seminarteilnehmenden beeinflussbar.[166]

---

159 ArbG Bremen-Bremerhaven v. 31.5.2007 – 10 BV 59/07 – dbr 2008, 4/38.

160 So auch LAG Düsseldorf v. 24.11.2022 – 8 TaBV 59/21 – NZA-RR 2023, 474; ArbG Düsseldorf v. 3.9.2004 – 12 BV 56/04 – AiB 2004, 757, das eine tägliche An- und Abreise von 74 km für unzumutbar erachtete; vgl. auch ArbG Bremen-Bremerhaven v. 31.5.2007 – 10 BV 59/07 – dbr 2008, 4/38.

161 BAG v. 7. 2. 2024 – 7 ABR 8/23 – NZA 2024, 767.

162 LAG Köln v. 21.2.2013 – 6 TaBV 43/12 – AuR 2013, 416.

163 Vgl. dazu den Sachverhalt des dem Beschluss des LAG Köln v. 21.2.2013 – 6 TaBV 43/12 – AuR 2013, 416 – zugrunde liegenden Beschlusses.

164 ArbG Halle v. 5.6.2014 – 1 BV 58/13 – juris.

165 BAG v. 28.3.2007, AP Nr. 89 zu § 40 BetrVG.

166 BAG v. 17.9.1974 – 1 ABR 98/73.

Endet eine Schulungsmaßnahme am Nachmittag oder frühen Abend, ist der Antritt der Heimreise direkt im Anschluss an das Seminar unter Umständen unzumutbar. Das betrifft Fälle, in denen Seminarteilnehmende auf Grund langer Fahrtzeit erst nachts ankommen oder mit öffentlichen Verkehrsmitteln gar nicht mehr nach Hause gelangen. Dann ist auch eine **zusätzliche Übernachtung** erstattungsfähig.[167]

Nach der Rechtsprechung ist es unter gewissen Voraussetzungen zulässig, einen Betrag für sogenannte **Haushaltsersparnis** von zu erstattenden Verpflegungskosten abzuziehen. Dies wird damit begründet, dass Betriebsratsmitglieder während des Seminars eigene Aufwendungen sparen, weil sie sich nicht zu Hause oder im Betriebsrestaurant verpflegen müssen.[168]

Es ist umstritten, woran sich die Höhe der Haushaltsersparnis zu orientieren hat. Das BAG geht davon aus, dass 20% der tatsächlichen Verpflegungsaufwendungen abzuziehen sind. Dieser Bezugswert ist den Lohnsteuerrichtlinien der Jahre 1990 bis 1995 entnommen.[169] Demgegenüber halten mehrere Landesarbeitsgerichte die Berechnung nach den Lohnsteuerrichtlinien für überholt und stellen auf die Sachbezugsverordnung ab, die die Werte für Mahlzeiten festsetzt.[170] Mittlerweile ist auch die Bezugnahme auf die Sachbezugsverordnung überholt. Sie wurde bereits zum 1. Januar 2007 aufgehoben und durch die Sozialversicherungsentgeltverordnung ersetzt. Sie enthält ebenfalls Werte für Frühstück, Mittag- und Abendessen und ist nach Auffassung des LAG Köln jetzt anzuwenden.[171]

Einzelne Gerichte führen Berechnungen an, die die Praktikabilität der Abrechnung von Seminarkosten völlig aus den Augen verlieren, indem fiktiv Werte für den Getränkeverzehr zum Abzug gebracht werden, für die die Sachbezugsordnung keine Orientierungswerte hergibt.[172] Andere Gerichte halten es für zulässig, dass der Arbeitgeber Verpflegungskosten nur in Höhe der einkommenssteuergesetzlichen Pauschbeträge erstattet, sofern die betriebliche Reisekostenordnung keine höheren Verpflegungssätze vorsieht.[173] Dies ist nicht zu

167 ArbG Ulm v. 20.12.2006, dbr 2007, 6/38.

168 BAG v. 28.3.2007, AP Nr. 89 zu § 40 BetrVG; LAG Hamm v. 9.3.2007 – 10 TaBV 34/06 – juris; LAG Köln v. 25.4.2008 – 11 TaBV 10/08 – juris.

169 BAG v. 28.6.1995 – 7 ABR 55/94 – AP Nr. 48 zu § 40 BetrVG 1972; BAG v. 30.3.1994 – 7 ABR 45/93 – AP Nr. 42 zu § 40 BetrVG 1972; BAG v. 28.2.1990, juris.

170 LAG Baden-Württemberg v. 20.9.2007, juris; LAG Hamm v. 13.1.2006, NZA-RR 2006, 249; LAG Nürnberg v. 26.7.2004 – 9 (7) TaBV 51/02 – AR-Blattei ES 530.8.1 Nr. 90.

171 LAG Köln v. 25.4.2008 – 11 TaBV 10/08 – dbr 2009, 11/36.

172 LAG Nürnberg v. 25.2.2003, AR-Blattei ES 530.8.1 Nr. 7.

173 LAG Köln v. 11.4.2002, AiB 2003, 487.

rechtfertigen. Über die Haushaltsersparnis hinaus müssen sich Teilnehmende keinen weiteren Verzehr anrechnen lassen – auch keine Ersparnis für Getränke, die während der Seminarzeiten eingenommen werden.[174]

Mitunter versuchen Arbeitgeber, einen Teil der Verpflegungskosten während eines Seminars als geldwerte Sachbezugsleistungen zu deklarieren und behandeln sie als steuer- und sozialversicherungspflichtige Vergütung. Da der Arbeitgeber aber gem. § 37 Abs. 6 i.V.m. § 40 BetrVG gesetzlich verpflichtet ist, die Seminarkosten von Betriebsratsmitgliedern zu übernehmen, liegt kein geldwerter Vorteil vor, der sich steuer- und sozialversicherungspflichtig auswirkt.[175]

Muss der Betriebsrat eine Seminaranmeldung stornieren und fallen hierfür **Stornierungskosten** an, so hat diese der Arbeitgeber zu tragen, wenn die Seminarteilnahme an sich nach § 37 Abs. 6 BetrVG erforderlich gewesen wäre.[176] Der Arbeitgeber ist allerdings von den Stornierungskosten befreit, wenn er die Kostenübernahme für das Seminar mit Verweis auf einen günstig gelegeneren Seminarort abgelehnt hat und der Betriebsrat versäumt, rechtzeitig eine kostenfreie Stornierung vorzunehmen.[177]

5.3.1 Abrechnung der Seminarkosten

Anmeldung und Abrechnung der Seminarkosten werden je nach Veranstalter unterschiedlich gehandhabt. Einzelheiten sind direkt beim Schulungsträger in Erfahrung zu bringen.

Anmeldung

Nicht nur die Schulungsträger haben eine **unterschiedliche Praxis**, auch in den Betrieben gestaltet sich die **Anmeldung** unterschiedlich:

- Häufig meldet der Betriebsrat die Seminarteilnehmenden beim Veranstalter nach der Beschlussfassung an.
- Oder es melden sich zum Seminar entsandte Betriebsratsmitglieder selbst an, um sich einen Seminarplatz zu sichern. Hierbei ist zu berücksichtigen, dass die Teilnahme erst zulässig ist, wenn der Betriebsrat einen entsprechenden Beschluss gefasst hat.
- Bei manchen Gewerkschaften ist es üblich, dass die für das Mitglied zuständige Verwaltungsstelle vor Ort die Anmeldung bei der gewerkschaftsnahen Bildungseinrichtung erledigt.

174 LAG Köln v. 25.4.2008 – 11 TaBV 10/08 – dbr 2009, 11/36.
175 Vgl. BMF-Schreiben v. 24.10.2014, BStBl. I 2014, 1412, Rn. 67.
176 ArbG Frankfurt v. 10.2.2004, AiB 2004, 377; LAG Köln v. 18.1.2002, NZA-RR 2003, 141.
177 LAG Hamm v. 18.9.2009 – 13 TaBV 174/08 – juris.

- Teilweise übernehmen die Personalabteilungen die Anmeldung, nachdem sie vom Betriebsrat über den Entsendungsbeschluss unterrichtet wurden.

Rechnungstellung

Unterschiedlich sind auch die **Abrechnungsmodalitäten**. In der Regel schicken die Veranstalter nach Beendigung der Schulung eine Rechnung an den Betrieb. In vielen Fällen wird schon vor Beginn des Seminars ein **Teilnahmeformular** ausgefüllt, mit dem der Arbeitgeber die Kostenübernahme bestätigt. Der Veranstalter stellt in dem Fall die Rechnung an den Arbeitgeber aus. Teilweise wird der Rechnungsempfänger erst nach der Anreise ermittelt. Manche Veranstalter lassen nur solche Betriebsratsmitglieder teilnehmen, für die bereits vor Seminarbeginn die Seminarkosten bezahlt wurden. Dadurch besteht für sie nicht das Risiko, im Streitfall mit den Kosten belastet zu sein oder diese gerichtlich eintreiben zu müssen. Nach der Entscheidung des BAG vom 8. 3. 2023 ist eine Rechnungstellung an den Betriebsrat nicht erforderlich. Veranstalter können ihre Rechnung direkt an den Arbeitgeber adressieren und diesen als Rechnungsempfänger ausweisen.[178]

Da der Arbeitgeber nach § 40 Abs. 1 i.V.m. § 37 Abs. 6 BetrVG die Schulungskosten zu tragen hat, ist der Betriebsrat (oder die entsandten Betriebsratsmitglieder) verpflichtet, die tatsächlich entstandenen Schulungskosten im Einzelnen nachzuweisen und abzurechnen. Der Arbeitgeber kann verlangen, das von ihm vorgegebene Abrechnungssystem zu verwenden. Werden im Betrieb bestimmte Formulare oder eine Abrechnungssoftware genutzt, so muss sich der Betriebsrat an die internen Prozesse halten und die Seminarkosten dort entsprechend abrechnen.[179]

Werden die Seminarkosten erst **nach Ende der Amtszeit** des Betriebsrats vom Schulungsträger in Rechnung gestellt, bleibt der Arbeitgeber erstattungspflichtig. Nicht erfüllte Kostenfreistellungsansprüche gehen mit dem endgültigen oder dem vorübergehenden Wegfall des Betriebsrats nicht ersatzlos unter.[180] Für noch nicht erfüllte Kostenfreistellungsansprüche gilt der Betriebsrat als weiterhin fortbestehend.[181] Der Schulungsträger selbst hat nämlich ohne vorherige Abtretung des dem Betriebsrat zustehenden Freistellungsanspruchs keinen unmittelbaren Anspruch gegen den Arbeitgeber.[182]

---

178 BAG v. 8. 3. 2023 – 7 ABR 10/22 – NZA 2023, 1051.

179 LAG Rheinland-Pfalz v. 23.10.2018 – 8 TaBV 2/18.

180 BAG v. 24. 10. 2001 – 7 ABR 20/00 – juris.

181 HessLAG v. 11.3.2019 – 16 TaBV 201/18 – NZA-RR 2019, 537.

182 BAG v. 13.5.1998 – 7 ABR 65/96 – juris.

Häufig streiten Arbeitgeber über die Art bzw. Intensität der Rechnungstellung. Von gewerkschaftlichen und gewerkschaftsnahen Schulungsträgern wird eine detailliertere **Kostenaufschlüsselung** verlangt als von sog. privaten Anbietern. Sie sollen im Gegensatz zu unabhängigen Schulungsträgern keine Kostenanteile wie z.B. für Reinigung, Heizung, Mobiliar, Grundstücksabgaben (sog. Generalunkosten oder Vorhaltekosten) auf die Schulungsteilnehmenden umlegen können.[183]

5.3.2 Reisekosten

Verkehrsmittel

Zu den erstattungspflichtigen Kosten für Seminarteilnahmen nach § 37 Abs. 6 BetrVG gehören **Fahrtkosten und Reisespesen.** Je nach Lage des Seminarorts bieten sich unterschiedliche Verkehrsmittel an. Für die Anreise zu einem Seminar in einer Großstadt kann die Bahn oder sogar das Flugzeug das günstigste Verkehrsmittel sein, während ein Seminar in ländlicher Umgebung am besten mit dem PKW erreicht wird. Für die Wahl des Verkehrsmittels ist entscheidend, wohin die Reise geht und welche Reisemittel das betreffende Betriebsratsmitglied nutzen kann. Nicht immer können Betriebsratsmitglieder das **Verkehrsmittel** frei wählen.

Betriebliche Reisekostenregelung

Besteht im Betrieb eine für alle Beschäftigten verbindliche **Reisekostenregelung**, gilt sie auch für Reisen von Betriebsratsmitgliedern.[184] So verhält es sich auch bei der Wahl des Verkehrsmittels. Sieht die Reisekostenregelung daher z.B. grundsätzlich die Nutzung öffentlicher Verkehrsmittel vor und/oder ausschließlich Bahnfahrten 2. Klasse, sind Betriebsratsmitglieder daran gebunden.[185] Mitunter fallen die Preise für Bahnfahrten 1. Klasse oder Flugreisen sogar niedriger aus als Fahrten mit der Bahn 2. Klasse, wenn Aktionsangebote oder Frühbucherrabatte genutzt werden können. Niedrigere Kosten dürften auch den Arbeitgeber überzeugen. Dies sollte vorsorglich vor der Buchung abgeklärt werden.

Wenn andere Beschäftigte auf Grund der Reisekostenordnung oder kraft betrieblicher Übung z.B. mit der Bahn in der 1. Klasse reisen können, gilt dies genauso für Betriebsratsmitglieder. In dieser Hinsicht dürfen Betriebsratsmitglieder weder benachteiligt noch bevorzugt werden.[186]

---

183 Ausführlich zu dieser Problematik *Wedde*, AuR 1994, 51ff.; DKW/*Wedde*, § 40 Rn. 95ff.

184 BAG v. 7.6.1984 – 6 ABR 66/81 – NZA 1984, 362; BAG v. 17.09.1974 – 1 ABR 98/73 – AP Nr. 6 zu § 40 BetrVG 1972; BAG v. 23.6.1975 – 1 ABR 104/73 – AP Nr. 10 zu § 40 BetrVG 1972; Wedde, AiB 2014, 28.

185 BAG v. 29.4.1975 – 1 ABR 40/74 – AP Nr. 9 zu § 40 BetrVG 1972.

186 ArbG Bremen v. 7.8.1978 – 7 BV 145/77.

Weniger eindeutig ist die Situation, wenn im Betrieb **keine Reisekostenregelung** existiert. Dann kommt es auf die betriebsübliche Praxis an. Wenn für Dienstreisen die 1. Klasse der Bahn oder Flugreisen gebucht werden dürfen, können Betriebsratsmitglieder ebenfalls auf diese Weise reisen.[187] Im Zweifel empfiehlt sich vor Reisebuchung die übliche Praxis im Betrieb zu ermitteln.

Nicht in allen Betrieben werden Fahrkarten oder Tickets vom Arbeitgeber im Voraus gebucht und den Betriebsratsmitgliedern vor Antritt der Reise zum Seminar zur Verfügung gestellt. Teilweise müssen sich die Betriebsratsmitglieder selbst darum kümmern. In solchen Fällen stellt sich die Frage, ob die entsandten Betriebsratsmitglieder dann nicht zumindest einen **Reisekostenvorschuss** verlangen können, um nicht die Kosten verauslagen zu müssen. Nach der Rechtsprechung können Betriebsratsmitglieder nur dann einen Reisekostenvorschuss verlangen, wenn im Betrieb des Arbeitgebers eine Reisekostenordnung angewendet wird, aus der sich ein entsprechender Anspruch ergibt.[188]

Manche Betriebsratsmitglieder fahren mit dem eigenen Auto zum Seminar. Das bietet sich insbesondere an, wenn Seminare an einem ländlich gelegenen Schulungsort stattfinden. Der Arbeitgeber kann von Betriebsratsmitgliedern aber nicht verlangen, dass sie mit dem eigenen PKW zum Seminar reisen.[189] Nehmen mehrere Betriebsratsmitglieder an einem Seminar teil, müssen sie nach Rechtsprechung des BAG eine **Fahrgemeinschaft** bilden, wenn die betriebliche Reisekostenregelung dies so vorsieht.[190]

Unfall-, Verletzungs- und Haftungsrisiken des Straßenverkehrs stehen der Verpflichtung zur Bildung einer Fahrgemeinschaft nach Ansicht des BAG nicht entgegen. Das Gericht meint, dass sich das Betriebsratsmitglied bereits diesen Risiken aussetzt, indem es sich für die Nutzung des Pkw entscheidet. Gegen diese Risiken sei es auch versichert.[191] Ist ein Mitglied des Betriebsrats nach einer betrieblichen Reisekostenregelung gehalten, bei Benutzung seines privaten Fahrzeugs eine Fahrgemeinschaft mit anderen Mitgliedern des Betriebsrats

187 DKW/*Wedde*, § 40 Rn. 72 m. w. N.

188 HessLAG v. 5.8.2013 – 16 TaBVGa 120/13 – ArbR 2014, 59: HessLAG v. 4.11.2013 – 16 TaBVGa 179/13 – juris.

189 ArbG Marburg v. 24.1.1992 – 2 BV 13/91 – AiB 2001, 46; *Wedde*, AiB 2014, 28.

190 BAG v. 24. 10. 2018 – 7 ABR 23/17 – NZA 2019, 407.

191 Hier gelten die Haftungsregeln nach § 7 Abs. 1, §§ 11, 18 Abs. 1 StVG, § 823 Abs. 1 BGB. Außerdem besteht in der Regel ein direkter Anspruch des Geschädigten gegen die obligatorische Haftpflichtversicherung nach § 115 Abs. 1 Satz 1 Nr. 1 VVG. Für nicht von der Versicherung abgedeckte Vermögensschäden gelten die Grundsätze über einen innerbetrieblichen Schadensausgleich auch für Fahrten, die ein Betriebsratsmitglied im Rahmen einer erforderlichen Wahrnehmung von Betriebsratsaufgaben unternimmt (Hinweis des BAG in seinem Beschluss v. 24.10.2018 – 7 ABR 23/17 – NZA 2019, 407).

zu bilden, hat der Arbeitgeber es unter denselben Voraussetzungen von unfallbedingten Vermögensschäden freizustellen wie andere Beschäftigte, die ihr Privatfahrzeug zur Ausübung einer beruflichen Tätigkeit nutzen.[192]

Das BAG will nur ausnahmsweise zulassen, dass von einer Fahrgemeinschaft abgesehen werden kann. Dazu muss die Mitfahrmöglichkeit nach den besonderen Umständen des Einzelfalles nicht zumutbar erscheinen. Dafür werden extreme Bedingungen verlangt, wie z. B. die begründete Besorgnis, dass Mitfahrende sich dadurch in eine besondere Gefahr begeben.[193]

5.3.3 Spesen

Reisespesen

Wer eine Reise unternimmt, verzehrt meistens auch etwas. Das gilt insbesondere für mehrstündige Reisen. Für die An- und Abreise können Schulungsteilnehmende Spesen verlangen. Die Höhe richtet sich wie die **Reisekostenerstattung** nach der betrieblichen Reisekostenordnung. Fehlt es an einer derartigen Regelung, so kann sich der Arbeitgeber an den Pauschbeträgen der **Lohnsteuer-Richtlinien** orientieren.[194] Ansonsten muss die Abrechnung ggfs. per Einzelnachweis erfolgen.[195]

Wer sich auf der Reise mal ein Bier, eine Currywurst oder andere Extras gönnt, muss dies auf eigene Kosten tun. Derartige Aufwendungen gelten als Kosten der **persönlichen Lebensführung**, für die der Arbeitgeber nicht einzustehen hat.[196]

Pauschbeträge

Es gibt Reisekostenregelungen, die nach Verdienst und Stellung der Beschäftigten **abgestufte Pauschbeträge** vorsehen. Dies mag bei Reisen im Auftrag des Arbeitgebers aufgrund unterschiedlicher Repräsentationspflichten berechtigt sein. Für Reisen von Betriebsratsmitgliedern ist eine Unterscheidung unbegründet.

Beispiel

Maren Meyer und Hannes Hansen gehören beide dem Betriebsrat an. Hannes Hansen erhält aufgrund seiner beruflichen Stellung als Software Engineer höhere Spesen als seine Kollegin Maren Meyer, die als Mechatronikerin

192 BAG v. 22.6.2011 – 8 AZR 102/10; BAG v. 28.10.2010 – 8 AZR 647/09; BAG v. 24.10.2018 – 7 ABR 23/17 – NZA 2019, 407.
193 BAG v. 24.10.2018 – 7 ABR 23/17 – NZA 2019, 407; HessLAG v. 30.1.2017 – 16 TaBV 185/16.
194 BAG v. 29.1.1974 – 1 ABR 34/73 – AP Nr. 8 zu § 37 BetrVG 1972.
195 Vgl. BAG v. 29.4.1975 – 1 ABR 40/74 – AP Nr. 9 zu § 40 BetrVG 1972.
196 BAG v. 29.1.1974 – 1 ABR 34/73 – AP Nr. 8 zu § 40 BetrVG 1972.

angestellt ist. Wenn sie als Betriebsratsmitglieder unterwegs sind, dürfen sie nicht unterschiedlich behandelt werden – auch wenn Hannes Hansen Betriebsratsvorsitzender ist.

Bei differenzierenden Reisekostenregelungen ist darauf zu achten, dass alle Betriebsratsmitglieder gleichbehandelt werden und nicht entsprechend der Rangstufe, in der sich das jeweilige Betriebsratsmitglied als Arbeitnehmer bzw. Arbeitnehmerin befindet. Selbst eine herausgehobene Funktion im Betriebsrat rechtfertigt **keine Besserstellung** gegenüber den anderen Betriebsratskollegen und -kolleginnen. Dieses Problem stellt sich erst gar nicht, wenn Reisekostenregelungen für Reisen von Betriebsratsmitgliedern eine eigene Kategorie enthalten. Gibt es diese aber nicht, so ist für alle ein »Mittelwert« oder die höchste Stufe zugrunde zu legen.[197]

Gleichbehandlung

Eine zumutbare allgemeine Reisekostenregelung gilt auch für Betriebsratsmitglieder anlässlich der Teilnahme an Schulungs- und Bildungsveranstaltungen nach § 37 Abs. 6 BetrVG, wenn die Übernachtungs- und Verpflegungskosten vom Betriebsratsmitglied beeinflusst werden können. Eine andere Sichtweise verstößt gegen das Begünstigungsverbot des § 78 Satz 2 BetrVG. Es würde eine Besserstellung der Betriebsratsmitglieder darstellen, wenn diese für die im Zusammenhang mit der Ausübung von Betriebsratstätigkeit anfallende Reisetätigkeit höhere Beträge als andere Beschäftigte bei betrieblich veranlassten Reisen beanspruchen könnten, ohne dass hierfür ein sachlicher Grund besteht. Der sich aus § 40 Abs. 1 BetrVG ergebende Kostenerstattungsanspruch wird durch eine allgemein im Betrieb geltende Reisekostenregelung nur dann nicht begrenzt, wenn der Betriebsrat und das Betriebsratsmitglied auf die entstehenden Reisekosten keinen Einfluss haben. In diesem Fall bedarf es jedoch einer besonderen Darlegung, aus welchen Gründen der Betriebsrat die Auswahl einer Schulungsveranstaltung, bei der die Reisekosten über die Sätze einer im Betrieb geltenden allgemeinen Reisekostenregelung hinausgehen, für erforderlich halten durfte.[198]

5.3.4 Geschenke des Seminaranbieters

Da das Seminargeschäft hart umkämpft ist und sich die Seminarprogramme teilweise ähneln, versuchen einige private Seminaranbieter mit »Kundengeschenken« zu trumpfen; sei es, dass Seminare mit namhaften Referenten oder beson-

197 Vgl. DKW/*Wedde*, § 40 Rn. 73.
198 BAG v. 28.1 2007 – 7 ABR 33/06 – juris.

ders attraktive Seminarorte angeboten werden oder mit teuren, werthaltigen Geschenken für die Teilnehmenden.

Das ArbG Lüneburg hatte einen Fall zu entscheiden, in dem der Seminaranbieter an die Schulungsteilnehmenden ein Tablet, einen elektronischen Stift, hochwertige Schreibsets und Rucksäcke austeilte. Die Geschenke händigten die Betriebsratsmitglieder dem Arbeitgeber zunächst auf dessen Aufforderung hin aus. In einem gerichtlichen Verfahren verlangten sie deren Herausgabe. Das Gericht lehnte den Anspruch des Betriebsrats mit der Begründung ab, dass sich sein Anspruch auf Sachmittel nach § 40 Abs. 2 BetrVG an der im Betrieb üblichen Ausstattung zu orientieren habe. Außerdem sah das Gericht die Gefahr, dass Betriebsratsmitglieder sich bei der Wahl von zukünftigen Schulungsveranstaltungen von der Qualität der vom Veranstalter angebotenen »Zugaben« leiten lassen und die Vorgaben des § 37 Abs. 6 BetrVG aus den Augen verlieren.[199] Außerdem hat sich die Entgegennahme von Seminargeschenken auch nach Verhaltens- und Compliance-Regeln zu richten.

Das BAG erachtet **Buchungsanreize** wie sog. »Starter-Sets« und das Angebot einer »kostenfreien anwaltlichen Erstberatung durch einen erfahrenen Rechtsanwalt« für weniger problematisch, solange der Seminarpreis marktüblich ist und vergleichbare Schulungen nicht wesentlich günstiger zu buchen sind. Der Betriebsrat muss wegen der Seminarbeigaben nicht von der Entsendung des Mitglieds auf die Veranstaltung absehen, soweit keine Anzeichen dafür bestehen, dass diese die Höhe des Seminarpreises maßgeblich beeinflussten. Allerdings können Compliance-Regeln der Annahme solcher Beigaben entgegenstehen.[200]

199 ArbG Lüneburg v. 2.10.2019 – 1 BV 5/19.
200 BAG v. 17. 11. 2021 – 7 ABR 27/20 – NZA 2022, 564.

IV. Betriebsräteseminare nach § 37 Abs. 7 BetrVG

Betriebsräteseminare nach § 37 Abs. 7 BetrVG

Eine weitere Rechtsgrundlage für Fort- und Weiterbildung für Betriebsratsmitglieder stellt § 37 Abs. 7 BetrVG dar. Für Seminarteilnahmen nach § 37 Abs. 7 BetrVG haben Betriebsratsmitglieder – genauso wie nach Absatz 6 – einen Anspruch auf bezahlte Freistellung. Die Seminarteilnahme nach § 37 Abs. 7 BetrVG bedarf ebenfalls eines Beschlusses des Betriebsrats. Damit sind die Gemeinsamkeiten der Absätze 6 und 7 auch schon erschöpft.

Unterschiede zu § 37 Abs. 6 BetrVG

Unterschiede sind in drei zentralen Punkten zu beachten:

1. Im Gegensatz zu Absatz 6 gewährt Absatz 7 jedem einzelnen Betriebsratsmitglied im Laufe der regelmäßigen Amtszeit einen **Individualanspruch** auf bezahlte Arbeitsbefreiung von insgesamt drei Wochen (bzw. vier Wochen für erstmals gewählte Betriebsratsmitglieder).
2. Die Anforderungen an die Art der zu vermittelnden Kenntnisse unterscheiden sich: Nach Absatz 6 muss die Teilnahme für die Betriebsratsarbeit »erforderlich« sein. Eine Teilnahme nach Absatz 7 ist an weniger strenge Voraussetzungen geknüpft. Es reicht, dass das Seminar **»als geeignet anerkannt«** wurde.
3. Für Seminare nach Absatz 6 trägt der Arbeitgeber die Kosten in vollem Umfang. Für Seminarteilnahmen nach Absatz 7 besteht lediglich ein **Anspruch auf Arbeitsbefreiung und Entgeltfortzahlung.** Alle übrigen Kosten muss das Betriebsratsmitglied ggfs. selbst tragen, wenn nicht der Veranstalter bzw. die Gewerkschaft die Teilnahme kostenfrei ermöglicht.

1. Anspruch jedes einzelnen Betriebsratsmitglieds

Individualanspruch

Nach Absatz 7 kann ausnahmslos jedes Betriebsratsmitglied in jeder Amtsperiode für insgesamt drei Wochen »als geeignet anerkannte« Seminare besuchen. Das Betriebsratsmitglied hat einen individuellen Anspruch auf Fort- und Weiterbildung. Es kann die Veranstaltung **selbst auswählen, ohne dass es auf weitere Voraussetzungen wie die betrieblichen Umstände, die Situation im Betriebsrat oder** den konkreten Wissensstand oder eventuell vorhandenes Erfahrungswissen ankommt.[201]

201 BAG v. 6.11.1973 – 1 ABR 8/73 – AP Nr. 5 zu § 37 BetrVG 1972; BAG v. 18.12.1973 – 1 ABR 35/73 – AP Nr. 7 zu § 37 BetrVG 1972; zuletzt BAG v. 28.8.1996, AiB 1997, 230.

Beispiel

Conny Kunze möchte an einem Seminar mit dem Titel »Interessenvertretung in multinationalen Konzernen« teilnehmen. Sie meldet sich beim Veranstalter an und teilt daraufhin ihrem Vorgesetzten den Termin der Seminarteilnahme mit. Für die in der Seminarwoche stattfindende Betriebsratssitzung entschuldigt sie sich, ohne ihre Schulungspläne mit den übrigen Betriebsratskollegen und -kolleginnen abzustimmen. Das reicht nicht!

Betriebsratsbeschluss

Ein Betriebsratsmitglied darf sich nicht selbst für die Seminarteilnahme nach § 37 Abs. 7 BetrVG freistellen. Der **Beschluss des Betriebsrats** vor Beginn des Seminars ist **unerlässlich.** Es genügt nicht, die Betriebsratskolleginnen und -kollegen lediglich über den geplanten Seminarbesuch zu informieren. Ein Beschluss des Betriebsrats ist in jedem Fall erforderlich. Die Auswahlentscheidung des Betriebsratsmitglieds darf das Gremium jedoch nicht inhaltlich kontrollieren, zensieren oder gar ablehnen. Die Beschlussfassung wird deshalb verlangt, weil der Betriebsrat auch bei diesen Seminartypen für die Festlegung der zeitlichen Lage und die Mitteilung an den Arbeitgeber verantwortlich ist.[202]

Der Betriebsrat hat dem Arbeitgeber mitzuteilen, ob die Seminarteilnahme nach Absatz 6 oder nach Absatz 7 erfolgt.[203] Wer an einem »37.7er-Seminar« interessiert ist, muss dafür Sorge tragen, dass die Beschlussfassung im Betriebsrat zustande kommt. Das betreffende Betriebsratsmitglied darf selbst an der Beschlussfassung mitwirken. Nimmt ein Betriebsratsmitglied an einem Seminar nach § 37 Abs. 7 BetrVG teil, ohne dass diese **Verfahrensschritte** eingehalten wurden, besteht das **Risiko,** den Anspruch auf Entgeltfortzahlung für die Dauer der Schulung zu verlieren. Um solchen Problemen vorzubeugen, empfiehlt sich, den Arbeitgeber rechtzeitig über die Teilnahme zu informieren und die Anerkennung der Geeignetheit der Veranstaltung durch die oberste Landesarbeitsbehörde mitzuteilen – letzteres, soweit möglich unter Angabe des Aktenzeichens aus dem Genehmigungsverfahren.[204]

2. Umfang des Freistellungsanspruchs nach Absatz 7

Dreiwöchiger Bildungsanspruch

§ 37 Abs. 7 BetrVG gewährt jedem Mitglied des Betriebsrats während seiner regelmäßigen Amtszeit einen Anspruch auf bezahlte Freistellung zur Teilnahme an Schulungs- und Bildungsveranstaltungen für insgesamt **drei Wochen**. In

202 DKW/*Wedde*, § 37 Rn. 191.
203 LAG Hamm v. 14.5.1976, DB 1976, 1821.
204 DKW/*Wedde*, § 37 Rn. 192.

Tagen ausgedrückt umfasst der Anspruch 21 Kalendertage bzw. 18 Werktage. Bei einer 6-Tage-Woche kann für 18 Tage Arbeitsbefreiung verlangt werden. Bei einer 5-Tage-Woche sind es 15 Arbeitstage. Grundsätzlich ist es dem einzelnen Betriebsratsmitglied überlassen, ob es die Freistellung »en bloc« oder für mehrere Seminare nutzen will.[205]

Wegfall

Wer während seiner Amtszeit keinen oder nur teilweise Gebrauch von der Freistellung macht, kann den verbleibenden Anspruch nicht in die nächste Amtsperiode hinüberretten. Der Anspruch verfällt am Ende der Amtszeit.[206] Wenn die Kenntnisse noch für die laufende Amtszeit förderlich sind, ist eine Schulungsteilnahme auch wenige Wochen vor Beendigung der Amtszeit möglich.[207]

Zusatzwoche

Neue Betriebsratsmitglieder, die das erste Mal in den Betriebsrat gewählt wurden, haben einen längeren Freistellungsanspruch als Amtsträger, die zum wiederholten Mal im Betriebsrat vertreten sind. Erstmals gewählte Betriebsratsmitglieder können gem. § 37 Abs. 7 Satz 2 BetrVG eine **Zusatzwoche** beanspruchen. Insgesamt haben sie also einen Freistellungsanspruch von 4 Wochen. Bei einer 6-Tage-Woche sind dies 24 Arbeitstage und bei einer 5-Tage-Woche 20 Arbeitstage.[208]

Ersatzmitglieder

Besonderheiten sind außerdem für **Ersatzmitglieder** zu berücksichtigen, die gem. § 25 Abs. 1 Satz 1 BetrVG endgültig in den Betriebsrat nachrücken. Sie haben einen an der verbleibenden Amtszeit zu messenden **Teilanspruch.**[209] Wenn das endgültig nachrückende Ersatzmitglied außerdem erstmalig das Mandat eines ordentlichen Betriebsratsmitglieds übernimmt, hat es neben dem Teilanspruch auch Anspruch auf die Zusatzwoche, wie sie jedem neuen Betriebsratsmitglied nach § 37 Abs. 7 Satz 2 BetrVG zusteht.[210] Anders stellt sich die Situation für Ersatzmitglieder dar, die nur zeitweilig ein verhindertes Betriebsratsmitglied vertreten. Sie können keine Freistellung nach Absatz 7 verlangen.[211]

---

205 DKW/*Wedde*, § 37 Rn. 187.

206 LAG Düsseldorf v. 8.10.1991, DB 1992, 636; *Schiefer*, a.a.O., S. 45.

207 Unter gewissen Voraussetzungen zulässig BAG v. 28.8.1996 – 7 AZR 840/95 – AiB 1997, 230; a.A. noch BAG v. 9.9.1992 – 7 AZR 492/91 – AP Nr. 86 zu § 37 BetrVG 1972 = AiB 1993, 431; LAG Düsseldorf v. 8.10.1991, DB 1992, 636.

208 *Schiefer*, a.a.O., S. 45.

209 DKW/*Wedde*, § 37 Rn. 189; *Schiefer*, a.a.O., S. 46; a.A. *Wenning-Morgenthaler*, BB 1985, 1339, der nachrückenden Ersatzmitgliedern den vollen Anspruch zuspricht.

210 Vgl. BAG v. 19.4.1989 – 7 AZR 128/88 – AP Nr. 68 zu § 37 BetrVG 1972; DKW/*Wedde*, § 37 Rn. 189.

211 BAG v. 14.12.1994 – 7 ABR 31/94 – AiB 1995, 361; LAG Berlin-Brandenburg v. 28.2.2017 – 11 TaBV 1626/16 – juris.

Absatz 7 regelt den Bildungsanspruch bei regelmäßiger Amtszeit. Nicht geregelt ist, wie im Falle einer **kürzeren oder längeren Wahlperiode** nach § 13 BetrVG zu verfahren ist. Nach überwiegender Auffassung reduziert oder erhöht sich der Freistellungsanspruch proportional zur Verkürzung oder Verlängerung der Amtszeit.[212] Aus Gründen der Praktikabilität wird von anderer Seite vertreten, dass sich weder die Verkürzung noch die Verlängerung der Amtszeit auf die Dauer des Freistellungsanspruchs nach Absatz 7 auswirkt.[213]

3. Wann sind Seminare nach Absatz 7 »geeignet«?

Geeignetheit

Die Seminarteilnahme nach § 37 Abs. 7 BetrVG setzt voraus, dass es sich um eine Veranstaltung handelt, »*die von der zuständigen obersten Arbeitsbehörde des Landes nach Beratung mit den Spitzenorganisationen der Gewerkschaften und der Arbeitgeberverbände als geeignet anerkannt*« ist. Dies ist ein entscheidender Unterschied zu Seminarteilnahmen nach Absatz 6. Für die Entsendung zu Seminaren nach Absatz 6 kommt es auf die »*Erforderlichkeit*« der Veranstaltung an. Bei Veranstaltungen nach Absatz 7 wird auf deren »*Geeignetheit*« abgestellt.

Keine inhaltliche Prüfung

Im Falle der Seminarteilnahme nach Absatz 6 muss der Betriebsrat selbst die Erforderlichkeit prüfen.[214] Bei Seminarbesuchen nach Absatz 7 sind die inhaltlichen Anforderungen weniger streng. Das Spektrum geeigneter Themen ist wesentlich weit gefächerter. Eine inhaltliche Prüfung der Geeignetheit braucht weder der Betriebsrat noch das interessierte Betriebsratsmitglied vorzunehmen. Im Gegensatz zu Absatz 6 kommt es nicht darauf an, ob der Betriebsrat oder das einzelne Mitglied die Veranstaltung für geeignet hält. Maßgeblich ist vielmehr, ob die Veranstaltung von der **obersten Arbeitsbehörde** des Landes »als geeignet anerkannt wurde«.

3.1 Anerkennungsverfahren

Zuständige Behörde

Für die Anerkennung der Veranstaltung sind die **Schulungsträger** verantwortlich. Sie müssen bei der zuständigen Behörde[215] einen Antrag auf Anerkennung geeigneter Veranstaltungen stellen. Unter **Beteiligung** der Spitzenorganisatio-

212 BAG v. 19.4.1989 – 7 AZR 128/88 – AP Nr. 68 zu § 37 BetrVG 1972; *Schiefer*, a.a.O., S.45; *Künzl*, ZfA 1993, 356.

213 DKW/*Wedde*, § 37 Rn. 185.

214 Zur Erforderlichkeit vgl. im Einzelnen Peter, Erforderlichkeit von Betriebsräteschulungen nach § 37 Abs. 6 BetrVG, AiB 1996, 467 ff.

215 Zuständig sind die obersten Arbeitsbehörden der Länder.

nen der Gewerkschaften und der Arbeitgeberverbände entscheidet die Behörde über die Geeignetheit der Veranstaltung.[216]

Trotz des vorgeschriebenen **behördlichen Prüfungsverfahrens** sind nicht alle Unsicherheiten ausgeräumt. So kann sich ein Betriebsratsmitglied z. B. für ein Seminar anmelden, dessen Geeignetheit zwar beantragt wurde, über die die zuständige Behörde bis zum Veranstaltungsbeginn aber noch nicht entschieden hat. Eine Teilnahme ist dennoch möglich, da eine Veranstaltung noch **nachträglich** als geeignet anerkannt werden kann.[217]

Nachträgliche Anerkennung

3.2 Geeignete Schulungsthemen

Keine konkrete Betriebsbezogenheit erforderlich

Zu den Inhalten der Schulungs- und Bildungsmaßnahmen nach Absatz 7 hat sich eine ebenfalls umfangreiche Rechtsprechung entwickelt. Im Unterschied zu Absatz 6 müssen die Schulungsinhalte nicht unmittelbar für die aktuelle oder demnächst anstehende Betriebsratstätigkeit nutzbar sein. Eine konkrete Betriebsbezogenheit wird nicht vorausgesetzt. Zulässig dürften somit alle i. S. d. Absatzes 6 für erforderlich erachteten Themen sein, denen im Einzelfall die konkrete Betriebsbezogenheit fehlt.[218]

Bezug zu Betriebsratsaufgaben

Für Seminare nach Absatz 7 muss das vermittelte Wissen einen **Bezug zu den Aufgaben des Betriebsrats** nach dem BetrVG aufweisen.[219] Es genügt, dass die **Kenntnisse** für die Arbeit des Betriebsrats **nützlich bzw. förderlich sind**. Es kommt nicht darauf an, dass die Kenntnisse für die Arbeit des Betriebsrats im konkreten Fall benötigt werden. Ein weiter Zusammenhang zur Betriebsratstätigkeit reicht.[220]

Geeignete Seminare nach § 37 Abs. 7 BetrVG können auch **politische Weiterbildungsveranstaltungen** nach den Arbeitnehmerweiterbildungsgesetzen der Länder sein. Auch die Überschneidung von Themen, die gleichzeitig Inhalt von Betriebsräteschulungen nach § 37 Abs. 6 und 7 BetrVG sind, steht einer gesellschaftspolitischen Weiterbildungsmaßnahme nicht entgegen. Alle Themen, die sich mit der Stellung der Beschäftigten im Betrieb befassen, sind grundsätzlich geeignet, Gegenstand der Arbeitnehmerweiterbildung zu sein. Diese bezweckt

216 Zum Anerkennungsverfahren vgl. FTLSS, § 37 Rn. 210ff.

217 Das gilt jedenfalls solange der Antrag auf Anerkennung rechtzeitig vor Veranstaltungsbeginn gestellt wurde BAG v. 11.10.1995 – 7 ABR 42/94 – AiB 1997, 53ff.

218 DKW/*Wedde*, § 37 Rn. 142.

219 BAG v. 18.12.1973 – 1 ABR 35/73 – AP Nr. 7 zu § 37 BetrVG 1972.

220 BAG v. 6.11.1973 – 1 ABR 8/73 – AP Nr. 5 zu § 37 BetrVG 1972; BAG v. 18.12.1973 – 1 ABR 35/73 – AP Nr. 7 zu § 37 BetrVG 1972; BAG v. 6.4.1976 – 1 ABR 96/74 – AP Nr. 23 zu § 37 BetrVG 1972.

nicht nur die Information über gesellschaftliche, soziale und politische Zusammenhänge, sondern soll insbesondere auch den Einzelnen befähigen, sein soziales Umfeld mitzugestalten. Hierzu gehört auch die Mitwirkung in Arbeitnehmervertretungen.[221]

Eine Themenübersicht zu Seminaren nach § 37 Abs. 7 BetrVG befindet sich in Anhang Nr. 2.

4. Kostentragung bei Seminarteilnahmen nach § 37 Abs. 7 BetrVG

Entgeltfortzahlung

Während eines Seminarbesuchs nach § 37 Abs. 7 BetrVG muss der Arbeitgeber die Vergütung genau wie bei Seminaren nach Absatz 6 fortzahlen. Das Betriebsratsmitglied hat der Höhe nach Anspruch auf das Entgelt, das es ohne den Besuch der Veranstaltung in dieser Zeit verdient hätte. Zwischen Seminarteilnahmen nach Absatz 6 und 7 bestehen bezüglich der **Entgeltfortzahlung** keine Unterschiede.

Sonstige Kosten

Anders verhält es sich hinsichtlich des **Aufwendungsersatzes** wie Seminargebühren, Reisekosten, Verpflegungs- und Übernachtungskosten. Weil Seminare nach Absatz 7 nur geeignete Kenntnisse vermitteln müssen und nicht erforderliches Wissen, wird dem Arbeitgeber keine Kostentragungspflicht nach § 40 BetrVG auferlegt.[222] Das Betriebsratsmitglied kann bei Seminarteilnahme nach Absatz 7 zwar Entgeltfortzahlung beanspruchen, alle übrigen Kosten muss es selbst tragen; es sei denn, der Veranstalter verzichtet auf Teilnahmegebühren.

Vollständige Kostentragungspflicht des Arbeitgebers

Eine Aussicht auf **volle Kostenerstattung** durch den Arbeitgeber besteht allenfalls dann, wenn die nach Absatz 7 anerkannte Veranstaltung ganz oder überwiegend erforderliches Wissen nach Absatz 6 vermittelt. Unter diesen Bedingungen tritt – wenn auch die übrigen Erforderlichkeitskriterien erfüllt sind – die Kostentragungspflicht des Arbeitgebers nach § 40 BetrVG ein.[223] War die Teilnahme zunächst nach Absatz 7 geplant und ist dies dem Arbeitgeber entsprechend mitgeteilt worden, muss damit gerechnet werden, dass dieser nachträglich nicht bereit ist, die Kosten zu übernehmen. In diesem Fall muss der Betriebsrat mit einer **besonders strengen Erforderlichkeitskontrolle** rechnen. Denn die Anerkennung einer Veranstaltung nach Absatz 7 wird häufig als Indiz gewertet, dass die Schulung andere als die von Absatz 6 erfassten Bildungsin-

221 BAG v. 21.7.2015 – 9 AZR 418/14 – ArbR 2016, 40.
222 BAG v. 6.11.1973 – 1 ABR 26/73 – AP Nr. 6 zu § 37 BetrVG 1972.
223 DKW/*Wedde*, § 37 Rn. 190.

halte vermittelt.[224] Wenn der Betriebsrat die Schulungsteilnahme gem. Absatz 6 schlüssig begründen kann, ist die für die Schulung aufgewandte Zeit nicht auf die 3- bzw. 4-Wochen-Frist des Absatz 7 anzurechnen.

224 BAG v. 26.8.1975 – 1 ABR 12/74 – AP Nr. 21 zu § 37 BetrVG.

V. Wege der Rechtsdurchsetzung

Konflikte mit dem Arbeitgeber

Die Anforderungen und Ansprüche an die Betriebsratsarbeit sind gestiegen. Um die laufenden Aufgaben und neue Themen bearbeiten zu können, müssen sich Betriebsratsmitglieder viele Kenntnisse aneignen oder diese auffrischen und vertiefen. Die Qualifikation des Betriebsrats hat sich in manchen Betrieben zu einem **Nebenschauplatz** der Auseinandersetzung zwischen den Betriebsparteien entwickelt.

Der Arbeitgeber ist gesetzlich verpflichtet, Betriebsratsmitglieder für solche Seminare freizustellen, die gem. § 37 Abs. 6 BetrVG »erforderlich« sind oder gem. § 37 Abs. 7 BetrVG »als geeignet anerkannt« wurden. Der Freistellungsanspruch des Betriebsratsmitglieds entsteht erst durch den Entsendungsbeschluss des Betriebsrats. Einer Genehmigung des Arbeitsgebers bedarf es nicht.

Trotz dieser Rechtslage gelingt es Arbeitgebern immer wieder, Betriebsratsmitglieder von der Teilnahme am Seminar abzuhalten, indem sie die Erforderlichkeit des Seminarbesuchs bestreiten und ankündigen, dem Betriebsratsmitglied für die Dauer des Seminars die Vergütung nicht fortzuzahlen, ihm eine Abmahnung auszusprechen oder die Seminarkosten nicht zu zahlen. Zündstoff für Auseinandersetzungen ist reichlich vorhanden. Absolute Sicherheit wird es bei einem **Konflikt** mit dem Arbeitgeber nur im Ausnahmefall geben. Lässt sich die Sache nicht anders lösen, sind Streitigkeiten im arbeitsgerichtlichen Beschlussverfahren zu klären.

Damit die Seminarteilnahme erfolgreich vor Gericht durchgefochten werden kann, sind einige Formalien zu beachten. Im Folgenden geht es um die **ordnungsgemäße Entsendung** sowie um Wege zur Durchsetzung von Seminarbesuchen bei Meinungsverschiedenheiten mit dem Arbeitgeber.

1. Der Beschluss des Betriebsrats

Betriebsratsbeschluss

Für die Schulungsteilnahme ist ein wirksamer Beschluss des Betriebsrats erforderlich (Entsendungsbeschluss). Kein Betriebsratsmitglied darf sich selbst für einen Seminarbesuch freistellen. Im Unterschied zur sonstigen Arbeitsbefreiung im Rahmen des § 37 Abs. 2 BetrVG muss das Betriebsratsgremium die **Freistellung** für eine Schulungsteilnahme in einer Betriebsratssitzung beschließen.

Der Beschluss muss sich auf ein konkretes, nach Zeitpunkt und Ort bestimmtes Seminar und das betreffende Betriebsratsmitglied beziehen.[225]

Beispiel

Der Betriebsrat beschließt die Teilnahme von Hannes Hansen zu einem BR II-Seminar im September. Die Veranstaltung ist bei der Anmeldung schon belegt. Stattdessen nimmt er sechs Wochen später an einer Schulung desselben Veranstalters zum gleichen Thema teil, ohne dass vom Betriebsrat ein erneuter Beschluss dazu gefasst wurde. Der Arbeitgeber teilt dem Betriebsrat mit, dass er die Kosten nicht zahlen wird.

Die erneute Beschlussfassung mag im o.g. Fall überflüssig erscheinen, weil der Betriebsrat bereits über die Seminarteilnahme zu dem Thema für das Betriebsratsmitglied entschieden hat. Sie ist aber notwendig. Das BAG verlangt, dass der Beschluss des Betriebsrats über die Erforderlichkeit der Teilnahme des Betriebsratsmitglieds **vor der jeweiligen Veranstaltung** gefasst wird. Ein vormaliger Beschluss genügt nicht. Eine nachträgliche Beschlussfassung reicht ebenfalls nicht. Der Arbeitgeber ist bei Beschlussfassungsmängeln nicht zur Übernahme der Kosten verpflichtet.[226]

Der Betriebsrat muss nicht beschließen, mit welchem Verkehrsmittel das Betriebsratsmitglied zum Schulungsort gelangt und ob es dort übernachtet oder nicht. Erfolgt dennoch eine Beschlussfassung zu diesen Punkten, ist das Betriebsratsmitglied hieran jedenfalls dann nicht gebunden, wenn sich zwischen dem Betriebsratsbeschluss und dem Beginn der Schulungsveranstaltung die für die Beurteilung der Erforderlichkeit maßgebenden Umstände – z.B. die Witterungsverhältnisse oder Reisemöglichkeiten – gravierend ändern.[227]

Ein **Entsendungsbeschluss** ist **wirksam**, wenn er im Rahmen einer ordnungsgemäßen Betriebsratssitzung erfolgt. Dazu ist der geplante Entsendungsbeschluss grundsätzlich in der **Tagesordnung** als gesonderter Tagesordnungspunkt anzukündigen.[228] Wenn er lediglich unter dem Tagesordnungspunkt »Verschiedenes« behandelt wird, ist der Beschluss anfechtbar und nicht wirksam zustande gekommen. Er muss wenigstens als Unterpunkt auf der Tagesordnung erschei-

---

225 BAG v. 12.1.2011 – 7 ABR 94/09 – NZA 2011, 813.

226 Vgl. BAG v. 8.3.2000 – 7 ABR 11/98 – AuR 2000, 142.

227 BAG v. 12.1.2011 – 7 ABR 94/09 – NZA 2011, 813.

228 Zur Beschlussfassung *Ratzesberger/Minkus*, AiB 7-8/2024, 31 ff.; zur Heilung unwirksamer Betriebsratsbeschlüsse vgl. *Mache*, AiB 1998, 162 f.

nen.[229] Genauso ist für die ordnungsgemäße Beschlussfassung darauf zu achten, dass alle Betriebsratsmitglieder – und im Verhinderungsfall entsprechende Ersatzmitglieder – rechtzeitig zur Betriebsratssitzung eingeladen werden. Unterbleibt die mögliche Ladung eines Ersatzmitglieds nach § 25 BetrVG, liegt kein wirksamer Beschluss vor. Für die Wirksamkeit des Beschlusses ist darauf zu achten, dass das richtige Ersatzmitglied geladen wird. Nur wenn ein Betriebsratsmitglied plötzlich verhindert ist und es nicht mehr möglich ist, das Ersatzmitglied rechtzeitig zu laden, ist der Beschluss wirksam.[230]

Die **Ladung** zu einer Betriebsratssitzung **ohne Mitteilung der Tagesordnung** führt ausnahmsweise nicht zur Unwirksamkeit eines in dieser Betriebsratssitzung gefassten Beschlusses, wenn alle Mitglieder des Betriebsrats rechtzeitig geladen sind und der Betriebsrat beschlussfähig ist und die anwesenden Betriebsratsmitglieder einstimmig beschließen, über den Regelungsgegenstand des später gefassten Beschlusses beraten und abstimmen zu wollen. Nicht erforderlich ist, dass in dieser Sitzung alle Betriebsratsmitglieder anwesend sind.[231]

Geht es um die Entsendung zu einem Seminar nach § 37 Abs. 6 BetrVG, muss der Beschluss beinhalten, wie viele und welche Mitglieder an welcher Maßnahme teilnehmen sollen.[232] Ferner ist für eine wirksame Beschlussfassung darauf zu achten, dass dem Betriebsrat bereits zum Zeitpunkt der Beschlussfassung hinreichende Informationen über den genauen Gegenstand der Schulung vorliegen. Das ist die entscheidende Grundlage dafür, dass der Betriebsrat die Schulung überhaupt nach § 37 Abs. 6 BetrVG für erforderlich halten darf. Verfügt er bei der Beschlussfassung über keine ausreichenden Informationen zum Seminar bzw. zu den Seminarinhalten, kann der Arbeitgeber die Kostenübernahme verweigern.[233]

Über die Entsendung entscheidet der Betriebsrat durch Mehrheitsbeschluss. Ein Minderheitenschutz besteht nicht.[234] Die Listenzugehörigkeit der Betriebsratsmitglieder ist nur im Zusammenhang mit Wahlen und Abstimmungen von Bedeutung, bei denen ausdrücklich Verhältniswahl vorgesehen ist.[235]

---

229 BAG v. 28.10.1992 – 7 ABR 14/92 – DB 1993, 840.

230 BAG v. 18.1.2006 – 7 ABR 25/05 – juris; BAG v. 23.8.1984 – 2 AZR 391/83; LAG Hamm v. 11.10.2007 – 13 Sa 1100/07 – juris.

231 BAG v. 15.4.2014 – 1 ABR 2/13 – NZA 2014, 551. Das gilt auch für Beschlüsse nach § 37 Abs. 6 BetrVG vgl. LAG Hamm v. 16.1.2015 – 13 Sa 1046/14 – juris; zur rechtssicheren Beschlussfassung *Ratzesberger/Minkus*, AiB 7-8/2024, 31 ff.

232 Vgl. FTLSS, § 37 Rn. 161.

233 LAG Hamm v. 18.1.2013 – 13 TaBV 60/12 – juris.

234 HessLAG v. 16. 11. 2020 – 16 TaBV 107/20 – NZA-RR 2021, 314.

235 BAG v. 11. 6. 1997 – 7 ABR 5/96 – juris.

Die Teilnahme an einem Seminar nach § 37 Abs. 7 BetrVG setzt ebenfalls einen Beschluss des Betriebsrats voraus. Allerdings wählt das betreffende Betriebsratsmitglied die Veranstaltung selbst aus.

Ist die **Schulungsteilnahme eines Gesamtbetriebsratsmitglieds** beabsichtigt, so muss der örtliche Betriebsrat die Entsendung beschließen, selbst wenn die Seminarteilnahme im Interesse des GBR liegt.[236]

2. Keine Genehmigung der Seminarteilnahme durch den Arbeitgeber

Im Idealfall steht der Seminarteilnahme nichts im Wege, wenn folgende Voraussetzungen erfüllt sind:

Teilnahmevoraussetzungen

- Die Erforderlichkeit bzw. Geeignetheit der Veranstaltung i.S.d. § 37 Abs. 6 bzw. Abs. 7 BetrVG liegt vor.
- Der Betriebsrat hat einen wirksamen Beschluss über die Schulungsteilnahme gefasst.
- Der Arbeitgeber wurde spätestens 2 bis 3 Wochen vor Schulungsbeginn über die Seminarteilnahme unterrichtet.

Die Schulungsteilnahme bedarf nicht der Zustimmung des Arbeitgebers. Wenn die zuvor genannten Voraussetzungen erfüllt sind, ist das Betriebsratsmitglied für die Dauer des Seminars von der Arbeit freigestellt.[237] Eine **Freistellungserklärung** des Arbeitgebers ist nicht erforderlich.[238] Das entsandte Betriebsratsmitglied braucht sich auch nicht bei seinem Vorgesetzten abzumelden, da durch die Mitteilung des Entsendungsbeschlusses des Betriebsrats die anstehende Abwesenheit beim Arbeitgeber bereits bekannt gemacht wird.[239]

Dies bedeutet nicht, dass das Seminar aufgrund des Betriebsratsbeschlusses tatsächlich erforderlich ist und der Arbeitgeber hierfür die Kosten zu tragen hat. Der Arbeitgeber hat noch nach der Seminarteilnahme die Möglichkeit, sich in einem gerichtlichen Verfahren auf die fehlende Erforderlichkeit zu berufen. Deshalb kann der Betriebsrat das **Schweigen des Arbeitgebers** zur Mitteilung des

236 ArbG Würzburg v. 4.2.1999, AiB 1999, 524.

237 BAG v. 25. 10. 2023 – 7 AZR 338/22 – NZA 2024, 482; LAG Düsseldorf v. 15.10.1992 – 12 (13) Sa 1035/92 – juris.

238 LAG Rheinland-Pfalz v. 13.10.2006 – 6 TaBV 61/06 – juris; HessLAG v. 1.3.2006 –8 Sa 788/05 – juris; LAG Rheinland-Pfalz v. 17.2.2004 – 5 TaBV 2001/03 – juris; *Künzl*, ZfA 1993, 360 m.w.N.

239 BAG v. 27.6.1990 – 7 AZR 348/89 – juris; *Künzl*, ZfA 1993, 361.

Entsendungsbeschlusses nicht verlässlich als Einverständnis mit der Schulungsteilnahme interpretieren. Der Arbeitgeber ist nicht bereits deshalb verpflichtet, die Schulungskosten nach § 37 Abs. 6 BetrVG zu tragen, weil er auf die Information über den Entsendungsbeschluss des Betriebsrats nicht reagiert hat.[240] Er kann auch später noch die Kosten verweigern, wenn die Seminarteilnahme nicht erforderlich war. Geht es nach den Gerichten, müssen Betriebsrat und das betreffende Betriebsratsmitglied im Zweifel mit der Ungewissheit leben, ob der Arbeitgeber die Kosten übernimmt oder nicht. Dem Betriebsrat wird kein Anspruch auf eine Erklärung des Arbeitgebers zur Kostenübernahme zugestanden,[241] weil der Freistellungsanspruch des Betriebsratsmitglieds durch den Beschluss des Gremiums entsteht und nicht durch Genehmigung des Arbeitgebers.

3. Entscheidung über den Zeitpunkt der Veranstaltung

Zeitliche Lage

Der Betriebsrat kann grundsätzlich selbst bestimmen, zu welchem **Zeitpunkt** die Seminarteilnahme erfolgen soll. Er muss allerdings auf **»betriebliche Notwendigkeiten«** Rücksicht nehmen. Unter besonderen Umständen haben betriebliche Interessen Vorrang vor einer Schulungsteilnahme.

Beispiel

Nachdem der Betriebsrat seinen Entsendungsbeschluss für zwei seiner Mitglieder mitgeteilt hat, widerspricht der Arbeitgeber der Teilnahme, weil die Schulung während der Endphase eines Großauftrags für den Hauptkunden vorgesehen ist. Allein aus diesem Grund kann der Arbeitgeber die Seminarteilnahme nicht blockieren.

Vorkehrungen des Arbeitgebers

Nicht jedes betriebliche Interesse steht einer Seminarteilnahme entgegen. Dazu müssen **besondere Umstände** vorliegen. Diese liegen z. B. vor, wenn das entsandte Betriebsratsmitglied zum Zeitpunkt der Schulung im Betrieb unabkömmlich ist und ansonsten der Betriebsablauf nicht sichergestellt wäre. Das bezieht sich insbesondere auf Betriebsratsmitglieder in **Schlüsselpositionen** oder mit **Spezialfunktionen.** Gleiches gilt für die Erledigung unaufschiebbarer Arbeiten.[242] Wenn der Arbeitgeber allerdings versäumt, rechtzeitig Vorkehrungen zu treffen, um die zur Schulung entsandten Betriebsratsmitglieder zu ersetzen, kann er sich nicht auf betriebliche Notwendigkeiten berufen.

---

240 BAG v. 24.5.1995 – 7 ABR 54/94 – BB 1995, 2530.

241 LAG Rheinland-Pfalz v. 13.10.2006 – 6 TaBV 61/06 – juris.

242 Vgl. *Künzl*, ZfA 1993, 358 f.

Die Rücksichtnahme auf betriebliche Notwendigkeiten spielt bei der Entsendung der freigestellten Betriebsratsmitglieder nach § 38 BetrVG keine Rolle. Mit ihrer Arbeitsleistung kann der Arbeitgeber ohnehin nicht rechnen. Freigestellte Betriebsratsmitglieder

In manchen Fällen ist eine Seminarteilnahme noch zum Ende der Amtszeit des Betriebsrats vorgesehen oder kurz vor Ende der Befristung des Arbeitsverhältnisses des zu entsendenden Betriebsratsmitglieds. Mancher Arbeitgeber lehnt die Seminarteilnahme nach § 37 Abs. 6 BetrVG **kurz vor Ende der Amtszeit** mit der Begründung ab, dass der zu vermittelnde Lehrstoff nicht mehr für die laufende Amtszeit genutzt werden kann. Das BAG hielt in solchen Fällen die Erforderlichkeit der Schulung im Hinblick auf die Nutzung der Lehrinhalte am Ende der Amtszeit für **besonders begründungsbedürftig.**[243]

Mittlerweile hat das BAG die Anforderungen an die Erforderlichkeit kurz vor Ende der Amtszeit reduziert. Jetzt gilt, dass der Betriebsrat die Erforderlichkeit der Vermittlung von Grundkenntnissen nicht allein deswegen besonders darlegen muss, weil die Schulungsveranstaltung kurz vor dem Ende der Amtszeit liegt. Es wird berücksichtigt, dass der Betriebsrat seine gesetzlichen Aufgaben nur dann erfüllen kann, wenn bei allen Mitgliedern zumindest ein Mindestmaß an Wissen über die Rechte und Pflichten einer Arbeitnehmervertretung vorhanden ist. Daher überwiegt nach Ansicht des BAG regelmäßig das Interesse des Betriebsrats an der Vermittlung des erforderlichen Grundwissens gegenüber den Interessen des Arbeitgebers auf Kostenersparnis.[244] Der Betriebsrat überschreitet seinen Beurteilungsspielraum erst dann, wenn für ihn absehbar ist, dass das zu schulende Betriebsratsmitglied in seiner verbleibenden Amtszeit das vermittelte Wissen nicht mehr benötigt.[245]

Anders verhält es sich, wenn die Amtsperiode noch mehrere Monate andauert, da dann auch die in einem Seminar vermittelten Erkenntnisse noch nutzbar sind.[246] Kann das Betriebsratsmitglied noch für einen Zeitraum von etwa neun Monaten auf das neu erworbene Wissen aus dem Seminar zurückgreifen, bedarf es keiner konkreten Darlegung der Erforderlichkeit.[247] Anders sieht es aus, wenn definitiv absehbar ist, dass das zu schulende Betriebsratsmitglied in seiner verbleibenden Amtszeit das vermittelte Wissen nicht mehr benötigt[248] oder

243 BAG v. 7.6.1989 – 7 ABR 26/88 – NZA 1990, 149; BAG v. 9.9.1992 – 7 AZR 492/91 – AP Nr. 67 zu § 37 BetrVG 1972; BAG v. 28.8.1996 – 7 AZR 840/95 – AP Nr. 117 zu § 37 BetrVG 1972.

244 BAG v. 7.5.2008 – 7 AZR 90/07 – AP Nr. 145 zu § 37 BetrVG 1972; LAG Niedersachsen v. 30.1.2019 – 10 TaBVGa 6/19 – juris.

245 BAG v. 17.11.2010 – 7 ABR 113/09 – NZA 2011, 816.

246 Vgl. LAG Rheinland-Pfalz v. 23.11.1994 – 2 TaBV 33/94 – BB 1995, 1593.

247 LAG Hamm v. 3.11.2006 – 10 TaBV 201/05.

248 BAG v. 17.11.2010 – 7 ABR 113/09.

die Amtszeit des Betriebsrats am letzten Tag der Schulung oder wenige Tage nach Abschluss des Seminars endet.[249]

Will ein **befristet beschäftigtes Betriebsratsmitglied,** dessen Arbeitsverhältnis in rechtlicher Hinsicht bereits sechs Wochen nach der Schulung endet, an einem Seminar teilnehmen, kann der Arbeitgeber die Kostenübernahme nicht verweigern, wenn der Betriebsrat aufgrund der bestehenden Personalstruktur damit rechnen darf, dass das Arbeitsverhältnis des Betriebsratsmitglieds fortgesetzt wird.[250]

4. Unterrichtung des Arbeitgebers

Umfang der Mitteilungspflicht

Nach seiner Beschlussfassung muss der Betriebsrat den **Arbeitgeber rechtzeitig** über die geplante Seminarteilnahme **unterrichten**. Eine Abmeldung beim Vorgesetzten wie in Fällen der Arbeitsbefreiung nach § 37 Abs. 2 BetrVG ist nicht nötig.[251] Es ist Sache des Betriebsrats und nicht des entsandten Betriebsratsmitglieds, dem Arbeitgeber die Teilnahme und die zeitliche Lage der Schulungs- und Bildungsveranstaltungen rechtzeitig mitzuteilen (§§ 37 Abs. 6 Satz 4, 37 Abs. 7 Satz 3 BetrVG). Der Betriebsrat muss die **Personen benennen,** deren Schulungsteilnahme beschlossen wurde. Der Arbeitgeber soll Personaldispositionen für die Abwesenheit entsandter Betriebsratsmitglieder treffen können. Ebenso soll er prüfen können, ob die Seminarteilnahme für das entsandte Betriebsratsmitglied erforderlich ist bzw. ob der Schulungsanspruch nach § 37 Abs. 7 BetrVG schon ausgeschöpft wurde. Auch die Entsendung von freigestellten Betriebsratsmitgliedern ist mitzuteilen. Dem Arbeitgeber stehen auch bei Freistellung von der beruflichen Tätigkeit Informationen über den Verbleib der Betriebsratsmitglieder zu.[252]

Weiterhin sind **Informationen über die Schulungsveranstaltung** wie Zeit, Dauer, Ort, Thematik und Themenplan mitzuteilen.[253] Darüberhinausgehende Informationen kann der Arbeitgeber nicht verlangen. Das Gesetz macht keine Vorgaben über den Umfang der Unterrichtungspflicht, so dass die Seminarteilnahme nicht ausführlich begründet werden muss. Weitere Angaben können im Einzelfall allerdings zweckmäßig sein,[254] um Unklarheiten aus dem Weg zu räumen.

---

249 LAG Köln v. 11.4.2002 – 10 TaBV 50/01 – AiB 2003, 487.

250 LAG Nürnberg v. 28.7.2009 – 7 TaBV 4/07 – juris.

251 BAG v. 27.6.1990 – 7 AZR 348/89 – juris; *Künzl*, ZfA 1993, 360 f.; DKW/*Wedde*, § 37 Rn. 162.

252 *Künzl*, ZfA 1993, 359.

253 DKW/*Wedde*, § 37 Rn. 156.

254 DKW/*Wedde*, § 37 Rn. 156.

Rechtzeitige Mitteilung

Der Betriebsrat muss den Arbeitgeber rechtzeitig über die beabsichtigte Seminarteilnahme informieren. Dadurch soll der Arbeitgeber in die Lage versetzt werden, sich auf die Abwesenheit des entsandten Betriebsratsmitglieds einstellen bzw. seinen Antrag auf Verschiebung ausreichend begründen zu können.[255] Eine gesetzliche **Frist** gibt es nicht. In Rechtsprechung und Kommentarliteratur wird eine Frist von **zwei bis drei Wochen** für »rechtzeitig« i.S.d. § 37 Abs. 6 Satz 3 BetrVG gehalten.[256]

5. Einwände des Arbeitgebers

Einwände des Arbeitgebers

Erhebt der Arbeitgeber Einwände gegen eine Schulungsteilnahme, sind zur Klärung der Streitfrage **zwei Verfahrenswege** vorgesehen. Hierbei kommt es darauf an, worauf sich die Bedenken des Arbeitgebers stützen:

Einigungsstelle

Ist der Arbeitgeber der Auffassung, dass der Betriebsrat hinsichtlich der **zeitlichen Lage** des Seminars die betrieblichen Notwendigkeiten nicht ausreichend berücksichtigt hat, muss er bei Seminarteilnahmen nach § 37 Abs. 6 BetrVG die **Einigungsstelle** anrufen, um diesen Punkt klären zu lassen (vgl. § 37 Abs. 6 Satz 5, 6 BetrVG).

Beschlussverfahren

Richten sich dagegen seine Einwände gegen die Erforderlichkeit bzw. die Geeignetheit, so ist diese Streitfrage im arbeitsgerichtlichen **Beschlussverfahren** zu klären.

5.1 Einigungsstelle

Zeitliche Lage

Der Betriebsrat ist nach § 37 Abs. 6 Satz 3 BetrVG verpflichtet, bei der **Festlegung der zeitlichen Lage** der Schulungsveranstaltung die betrieblichen Notwendigkeiten zu berücksichtigen. Obwohl das Gesetz dafür keine Frist vorschreibt, kann sich der Arbeitgeber nicht beliebig lange Zeit lassen, um seine **Bedenken gegen den Zeitpunkt des Seminarbesuchs** zu äußern. Schließlich müssen der Betriebsrat und das entsandte Betriebsratsmitglied planen können. Der Arbeitgeber kann es nicht darauf bewenden lassen, seinen Einwand mitzuteilen. Er muss sich entweder mit dem Betriebsrat einigen oder zügig die Einigungsstelle anrufen.

---

255 BAG v. 18.3.1977 – 1 ABR 54/74 – AP Nr. 27 zu § 37 BetrVG 1972.

256 LAG Niedersachsen v. 14.8.1987 – 3 Sa 538/86 – AiB 1988, 284.

Frist zur Anrufung der Einigungsstelle

Der Betriebsrat ist nicht verpflichtet, sich außerhalb der Einigungsstelle mit dem Arbeitgeber zu einigen. Hält er an seinem Beschluss fest, ist es Sache des Arbeitgebers, rechtzeitig ein Einigungsstellenverfahren auszulösen. Überwiegend wird eine Frist von **zwei Wochen** für angemessen gehalten, um die Einigungsstelle anzurufen.[257]

Beispiel

Der Betriebsrat der Stahl GmbH informiert den Arbeitgeber über eine geplante Seminarteilnahme. Bis zum Seminarbeginn sind es noch vier Wochen. Drei Tage nach seiner Unterrichtung teilt der Arbeitgeber mit, dass eine Seminarteilnahme nicht möglich sei. Der Betriebsrat habe nicht berücksichtigt, dass dann die Produktionsendphase eines Großauftrags für die Arabischen Emirate beginne.

Verpflichtung des Arbeitgebers

Mancher Betriebsrat kennt diese Situation: Der Arbeitgeber widerspricht dem geplanten Seminarbesuch nach § 37 Abs. 6 BetrVG und beschränkt sich darauf, die Berücksichtigung betrieblicher Notwendigkeiten anzuzweifeln, ohne eine Klärung über die Einigungsstelle herbeizuführen. Unter diesen Bedingungen hat der Arbeitgeber sein **Recht verwirkt,** gegen die Schulungsteilnahme vorzugehen. Der Beschluss des Betriebsrats bleibt wirksam.[258] Kümmert sich der Arbeitgeber nicht um die Einleitung eines Einigungsstellenverfahrens, ist er so zu behandeln, als habe er keine zeitlichen Bedenken gegen die Seminarteilnahme geäußert.[259]

Spruch der Einigungsstelle

Ruft der Arbeitgeber dagegen rechtzeitig die Einigungsstelle an, so entscheidet diese nach billigem Ermessen (§ 76 Abs. 5 Satz 3 BetrVG). Bestätigt die Einigungsstelle den Beschluss des Betriebsrats, so ersetzt ihr Spruch gem. § 37 Abs. 6 Satz 5 BetrVG die fehlende Einigung zwischen Arbeitgeber und Betriebsrat. Das entsandte Betriebsratsmitglied kann die Schulung wie vorgesehen besuchen. Der Arbeitgeber könnte den Spruch der Einigungsstelle dann nur noch im Beschlussverfahren vor dem Arbeitsgericht überprüfen lassen. Ferner können Arbeitgeber und Betriebsrat freiwillig die Zuständigkeit der Einigungsstelle erweitern, um dort neben Konflikten über die zeitliche Lage auch andere Streitpunkte zu klären.[260]

---

257 *Künzl*, ZfA 1993, 361; DKW/*Wedde*, § 37 Rn. 159; vgl. auch LAG Niedersachsen v. 14.8.1987 – 3 Sa 538/86 – juris.

258 DKW/*Wedde*, § 37 Rn. 131.

259 BAG v. 18.3.1977 – 1 ABR 54/74 – AP Nr. 27 zu § 37 BetrVG 1972; ArbG Hanau v. 7.8.1997, AuR 1998, 82; ArbG Detmold v. 30.10.1997, AiB 1998, 42.

260 DKW/*Wedde*, § 37 Rn. 131.

Kommt die Einigungsstelle allerdings umgekehrt zu dem Schluss, dass der Betriebsrat die betrieblichen Notwendigkeiten nicht ausreichend berücksichtigt hat, muss die Einigungsstelle einen oder mehrere geeignete **zeitliche Alternativen** für einen Seminarbesuch nennen.[261] Über die zeitliche Lage der beabsichtigten Schulungsteilnahme soll keine Unklarheit bestehen bleiben.

Aufschiebende Wirkung

Das Einigungsstellenverfahren führt zur **aufschiebenden Wirkung** des Betriebsratsbeschlusses.[262] Das entsandte Betriebsratsmitglied muss den Spruch der Einigungsstelle abwarten. Zieht sich das Einigungsstellenverfahren allerdings so lange hin, dass die Schulungsteilnahme bis zum Spruch der Einigungsstelle nicht mehr realisiert werden könnte, ist u.U. der Antrag auf Erlass einer einstweiligen Verfügung sinnvoll. Veranlassung dazu besteht z.B. dann, wenn eine einmalige Schulung versäumt werden würde oder wenn sich die Schulung in absehbarer Zeit nicht nachholen lässt.[263]

5.2 Beschlussverfahren bei streitiger Erforderlichkeit oder Geeignetheit

Streit über Inhalt und Thema des Seminars

Über die zeitliche Lage entsteht zwischen Arbeitgeber und Betriebsrat selten Streit. Häufiger sind **Inhalte und Themen** eines Seminars **umstritten**. Angesichts der zahlreichen Teilnahmebedingungen, die im Einzelfall zu berücksichtigen sind, fällt die Prognose nicht leicht, welche Seite die Auseinandersetzung für sich entscheiden kann – der Betriebsrat oder der Arbeitgeber. Letzte Klarheit bringt erst eine **rechtskräftige Gerichtsentscheidung**. Die gerichtliche Klärung kann sowohl vom Arbeitgeber, vom Betriebsrat als auch von dem betroffenen Betriebsratsmitglied herbeigeführt werden.[264] Das Arbeitsgericht entscheidet hierüber im **Beschlussverfahren**.

Gerichtliche Klärung

Der Arbeitgeber hat kein Interesse, die streitige Frage der Erforderlichkeit oder Geeignetheit **im Vorfeld** der Veranstaltung einer **gerichtlichen Klärung** zuzuführen. Im Gegenteil: Häufig bleibt er untätig und lässt es bei der Mitteilung bewenden, dass er die Veranstaltung nicht für erforderlich oder geeignet hält und dass er die Kosten nicht übernimmt. Manchmal geschieht dies erst wenige Tage vor dem geplanten Schulungstermin. Ganz davon abgesehen, dass die völlig grundlose

261 DKW/*Wedde*, § 37 Rn. 160; Künzl, ZfA 1993, 361.

262 BAG v. 18.3.1977 – 1 ABR 54/74 – AP Nr. 27 zu § 37 BetrVG 1972. Von einer Suspendierung wird auch ausgegangen in BAG v. 29.7.1980 – 6 AZR 231/78 – AP Nr. 37 zu § 37 BetrVG 1972. Ebenso DKW/*Wedde*, § 37 Rn. 160; *Künzl*, ZfA 1993, 361.

263 OVG Bremen v. 1.2.1991 – PV-B 1/91 – PersR 1991, 176; DKW/*Wedde*, § 37 Rn. 164a.

264 DKW/*Wedde*, § 37 Rn. 160 ff.; FTLSS, § 37 Rn. 253 ff.

Ablehnung der Schulungsteilnahme rechtsmissbräuchlich wäre (§ 242 BGB), befindet sich der Betriebsrat und das entsandte Mitglied in einer äußerst unerfreulichen Lage. Soll der Konflikt riskiert werden und wenn ja, wie geht man vor?

5.3 Schulungsteilnahme gegen den Willen des Arbeitgebers?

Sanktionen des Arbeitgebers

In einigen Fällen stellt sich für den Betriebsrat die Erforderlichkeit der Schulungsteilnahme bzw. die Geeignetheit des Seminars so **eindeutig** dar,[265] dass das Betriebsratsmitglied an der Schulung teilnimmt, ohne vorab ein arbeitsgerichtliches Verfahren eingeleitet zu haben. Greift der Arbeitgeber zu **Sanktionen,** kommen Betriebsrat und/oder das betroffene Betriebsratsmitglied nicht umhin, das Arbeitsgericht anzurufen.

Denkbar ist, dass der Arbeitgeber
- die Übernahme der Seminarkosten und obendrein die Entgeltfortzahlung verweigert und/oder
- dem Schulungsteilnehmer bzw. der Schulungsteilnehmerin eine Abmahnung ausspricht.

Rat einholen!

Betriebsrat und das entsandte Mitglied sollten die **Risiken** sorgfältig abwägen. Spätestens in dieser Situation ist es sinnvoll, **sachkundigen Rat**[266] über die Durchsetzungschancen einschließlich der gerichtlichen Erfolgsaussichten einzuholen. Gerade bei Seminaren nach § 37 Abs. 6 BetrVG sind so viele Einzelaspekte zu berücksichtigen, die der Betriebsrat bei seiner Beschlussfassung eventuell nicht bedacht hat.

Beispiel

Der Arbeitgeber ist der Auffassung, dass eine Seminarteilnahme zu einem PC-Lehrgang für Betriebsräte nicht erforderlich ist, weil das Betriebsratsmitglied Conny Kunze auch an einer hausinternen PC-Schulung teilnehmen kann. Conny Kunze will aber mehr, als nur die Anwendung eines Programms kennen lernen und einüben. Nach dem Themenplan für das Seminar wird außerdem spezielle Betriebsrats-Software vorgestellt. Sie ruft die Ortsstelle ihrer Gewerkschaft an und erkundigt sich, ob es bisher Schwierigkeiten mit

265 Ausführliche Darstellung, wann Schulungsteilnahmen nach § 37 Abs. 6 BetrVG erforderlich sind bei *Peter*, AiB 1996, 467 ff. Zur Geeignetheit von Seminaren nach § 37 Abs. 7 BetrVG ebenfalls ausführlich *Peter*, AiB 1997, 223 ff.

266 »Erste Hilfe« können die Bildungsveranstalter selbst, die zuständige Gewerkschaft oder der DGB-Rechtsschutz bieten.

diesem Seminartyp gegeben hat und wie die gerichtlichen Durchsetzungschancen sind. Sie fühlt sich ermutigt, an der Schulung teilzunehmen, auch wenn der Arbeitgeber androht, die Kosten nicht zu zahlen. Der Arbeitgeber erteilt ihr nach ihrer Rückkehr vom Seminar eine Abmahnung.

Gerichtliche Klärung

Führt die Beratung zu dem Ergebnis, dass eine Seminarteilnahme auch gegen den erklärten Willen des Arbeitgebers riskiert werden kann, ist der **Ausgang des Konflikts offen:** Das entsandte Betriebsratsmitglied nimmt wie geplant an der Schulung teil. Eine ausdrückliche Genehmigung des Arbeitgebers ist – wie oben dargestellt – nicht notwendig. Das **Arbeitsgericht** wird hinterher entscheiden, ob der Arbeitgeber die Schulungsteilnahme sanktionieren durfte.

5.4 Auf Sanktionen des Arbeitgebers reagieren!

Verfahrensarten

Zahlt der Arbeitgeber für die Dauer der Schulungsmaßnahme kein Entgelt, ist es Sache des betroffenen Betriebsratsmitglieds, Vergütungsansprüche im **Urteilsverfahren** selbst geltend zu machen. Dagegen sind die Seminarkosten, die der Veranstalter in Rechnung stellt – also Seminargebühren, Übernachtungs- und Verpflegungskosten sowie zu erstattende Fahrtkosten – vom Betriebsrat im **Beschlussverfahren** einzufordern.

Nach einer Entscheidung des BAG vom 4.12.2013 kann der Betriebsrat gegen eine Abmahnung eines Betriebsratsmitglieds, die der Arbeitgeber wegen Teilnahme an einem – aus seiner Sicht – nicht nach § 37 Abs. 6 BetrVG erforderlichen Seminar ausgesprochen hat, auch im Beschlussverfahren vorgehen. Das BAG leitet diesen Anspruch aus einer entsprechenden Anwendung von §§ 242, 1004 Abs. 1 Satz 1 BGB ab, so dass die Prüfung dieses – grundsätzlich individualrechtlichen – Anspruchs auch im Beschlussverfahren erfolgen kann. Nach § 48 Abs. 1 ArbGG i.V.m. § 17 Abs. 2 Satz 1 GVG ist die Sache in der zulässigen Verfahrensart des Beschlussverfahrens unter allen in Betracht kommenden rechtlichen Gesichtspunkten zu entscheiden.[267] Diese Vorgehensweise ist für das Betriebsratsmitglied insofern entlastend, als der Arbeitgeber für die Prozessvertretungskosten des Betriebsrats im Beschlussverfahren nach § 40 BetrVG kostenerstattungspflichtig ist.

Innerbetriebliche Klärung

Es ist jedoch illusionär zu glauben, der Weg zu den Arbeitsgerichten führe zu einer zügigen Klärung der Streitigkeit. In den meisten Fällen entscheidet das Arbeitsgericht aufgrund der langen Verfahrensdauer erst, wenn das Seminar

267 BAG v. 4.12.2013 – 7 ABR 7/12 – juris.

schon beendet ist. Deswegen sollte der Betriebsrat eine **innerbetriebliche Klärung versuchen.**

5.4.1 Innerbetriebliche Konfliktlösung

In manchen Fällen hat der Arbeitgeber keine sachlichen Gründe, die gegen eine Schulungsteilnahme sprechen. Seine ablehnende Haltung kann eine **Reaktion auf andere Konflikte** sein oder er will schlichtweg Kosten sparen. Der Betriebsrat kann eine innerbetriebliche Lösung versuchen, sei es durch weitere Gespräche und Korrespondenz mit dem Arbeitgeber, sei es im Zusammenhang mit anderen Fragestellungen.

Wiederholte Beschlussfassung

Eine Methode unter mehreren ist die **Wiederholung** der Beschlussfassung, d. h. der Betriebsrat

- berät nochmals über die Schulungsteilnahme,
- setzt sich mit den Einwänden des Arbeitgebers auseinander,
- fasst einen Beschluss über die Teilnahme und
- teilt dies dem Arbeitgeber erneut mit.

Schriftliche Begründung

Beim »zweiten Anlauf« empfiehlt es sich, nicht bloß die Information über die Veranstaltung, die zeitliche Lage und die entsandten Betriebsratsmitglieder mitzuteilen. Vielmehr sollte der Betriebsrat **schriftlich begründen,** warum die Schulungsteilnahme aus seiner Sicht notwendig ist. Für die Teilnahme an Grundlagenseminaren reicht ohnehin der Hinweis, dass neu gewählte Betriebsratsmitglieder Grundwissen benötigen. Das hat sich auch bei Arbeitgebern herumgesprochen. Bei Spezialseminaren bleibt abzuwarten, ob der Arbeitgeber bei seinen Einwänden bleibt. Reagiert der Arbeitgeber auf die neue Beschlussfassung nicht, hat ihn die Begründung möglicherweise überzeugt bzw. er gibt seinen Widerstand gegen die Schulungsteilnahme auf. Mehr Klarheit bringt auch dieses Vorgehen nicht, wenn der Arbeitgeber gar nicht reagiert. Aber immerhin wird es ihm schwerer gemacht, die erneute Beschlussfassung einfach zu ignorieren. Und eventuell hilft dem Betriebsrat dieser Verfahrensweg in einer möglichen gerichtlichen Auseinandersetzung.

Nach einer Entscheidung des LAG Nürnberg muss der Betriebsrat sogar die Einwände des Arbeitgebers nochmals beraten und würdigen, wenn der Arbeitgeber der Seminarteilnahme zeitnah und mit sachlichen Gründen widersprochen hat.[268] Wenn der Arbeitgeber allerdings die Kosten für das Seminar erst einmal

268 LAG Nürnberg v. 1.9.2009 – 6 TaBV 18/09 – BB 2009, 2309.

bezahlt hat, ist er nicht mehr berechtigt, diese zurückzuverlangen. Das gilt selbst dann, wenn die Seminarteilnahme nicht erforderlich war.[269]

5.4.2 Beschlussverfahren

Frühzeitige Einleitung des Beschlussverfahrens

Manche Betriebsräte versuchen mehr **Sicherheit** über die Erforderlichkeit der Schulungsteilnahme zu erhalten, indem sie im Vorfeld der Schulungsteilnahme das gerichtliche Beschlussverfahren einleiten. In den seltensten Fällen wird die Einschaltung des Gerichts dazu führen, dass das entsandte Betriebsratsmitglied das Seminar mit einer positiven Gerichtsentscheidung im Gepäck besuchen kann. Ob die in die Zukunft gerichteten mit dem Seminarbesuch verbundenen Fragen vorab tatsächlich gerichtlich verbindlich geklärt werden können, wird von den Arbeitsgerichten unterschiedlich bewertet. Soweit Rechte von konkreten, sich ändernden Umständen abhängen, kann die vorherige gerichtliche Klärung das Bestehen des Rechts nicht sicherstellen.[270] Teilweise erkennen die Gerichte kein Rechtsschutzbedürfnis für eine vorherige gerichtliche Entscheidung an, weil die vom Arbeitgeber bestrittene Erforderlichkeit keine Teilnahmesperre auslöst.[271] Hin und wieder lässt sich aber vor Gericht eine Einigung mit dem Arbeitgeber durch Abschluss eines Vergleichs erzielen. Ansonsten kommen Betriebsrat und Betriebsratsmitglied nicht umhin zu entscheiden, ob die Schulung trotz Ablehnung des Arbeitgebers besucht werden soll. Besucht das entsandte Betriebsratsmitglied die Schulung, obwohl der Arbeitgeber nicht zustimmt, muss hinterher das Arbeitsgericht entscheiden.

Anforderungen der Rechtsprechung

Wenn ein Beschlussverfahren eingeleitet wird, ist der Betriebsratsbeschluss über die Teilnahme nicht außer Kraft gesetzt. Das Betriebsratsmitglied muss den Besuch der Schulung weder verschieben noch aufgeben.[272] Dies gilt insbesondere dann, wenn der Betriebsrat oder das Betriebsratsmitglied in erster Instanz vor dem Arbeitsgericht eine positive – aber noch nicht rechtskräftige – Entscheidung erwirkt haben.[273] Nach Auffassung des BAG ist es dem Betriebsrat nicht zuzumuten, die Schulungsteilnahme bis zum Erlass einer rechtskräftigen Entscheidung zurückzustellen.[274]

269 BAG v. 25. 10. 2023 – 7 AZR 338/22 – NZA 2024, 482.
270 BAG v. 12.1.2011 – 7 ABR 94/09 – NZA 2011, 813; ArbG Düsseldorf v. 29.9.2017 – 14 BV 85/17.
271 LAG Hamm v. 30.5.2008 – 10 TaBV 129/07 – juris.
272 LAG Hamm v. 24.10.1974 – 8 TaBV 42/74 – DB 1974, 2486; DKW/*Wedde*, § 37 Rn. 161; *Künzl*, ZfA 1993, 362.
273 BAG v. 6.5.1975 – 1 ABR 135/73 – AP Nr. 5 zu § 65 BetrVG; Künzl, ZfA 1993, 362.
274 BAG v. 6.5.1975 – 1 ABR 135/73 – AP Nr. 5 zu § 65 BetrVG 1972.

5.5 Antrag auf einstweilige Verfügung

Widersprüchlichkeit der Rechtsprechung

Der Betriebsrat kann des Weiteren versuchen, im Eilverfahren eine Entscheidung zu erwirken. Die **Praxis** im Umgang mit Anträgen auf einstweilige Verfügung zur Durchsetzung der Schulungsteilnahme ist bei den Arbeitsgerichten **unterschiedlich.** Einige Arbeitsgerichte halten einen entsprechenden Antrag für zulässig – andere lehnen dies ab, weil die Schulungsteilnahme nicht der Zustimmung des Arbeitgebers bedarf.[275] Höchstrichterliche Rechtsprechung gibt es hierzu nicht, weil für einstweilige Verfügungsverfahren nur zwei Instanzen vorgesehen sind und deshalb nicht zum Bundesarbeitsgericht gelangen. Einige Landesarbeitsgerichte erkennen ein schützenswertes Interesse des Betriebsrats und seiner Mitglieder an, die Berechtigung zur Teilnahme an einer bestimmten Betriebsratsschulung vor deren Beginn klären zu lassen. Die Risiken einer vom Arbeitgeber abgelehnten Schulung und deren Kostenübernahme sollen vorab geklärt werden, damit entsandte Betriebsratsmitglieder Gewissheit bekommen, ob sie von der Arbeit freigestellt sind (und nicht mit einer Abmahnung rechnen müssen) und ob die mit der Seminarteilnahme verbundenen Kosten getragen werden.[276]

Es sind einige Entscheidungen ergangen, die im Streitfall die Möglichkeit der Klärung der Seminarteilnahme im einstweiligen Verfügungsverfahren befürworten.[277] Das Arbeitsgericht Detmold gab einem Antrag auf einstweilige Verfügung auf Freistellung für die Teilnahme an einem Mobbing-Seminar mit der Begründung statt, dass es sich bei dem betreffenden Seminar um die einzige Veranstaltung handelt, die im laufenden Kalenderjahr von dem ausgewählten Veranstalter angeboten und alsbald durchgeführt werden sollte.[278] Der bisher ablehnenden Haltung anderer Arbeitsgerichte[279] kann möglicherweise mit Hinweis auf anderslautende Rechtsprechung mehrerer Landesarbeitsgerichte begegnet werden. Das Hess. LAG befürwortet den Erlass einer einstweiligen Verfügung, weil ansonsten nicht gewährleistet ist, dass Betriebsratsmitglieder

275 Ablehnend LAG Düsseldorf v. 6.9.1995 – 12 TaBV 69/95 – LAGE Nr. 44 zu § 37 BetrVG 1972; LAG Köln v. 20.11.2003 – 5 TaBV 69/03 – DB 2004, 551; LAG Hamm v. 10.5.2004 – 10 TaBV 41/04 – juris; LAG Rheinland-Pfalz v. 13.10.2006 – 6 TaBV 61/06; ArbG Lörrach v. 23.3.2016 – 5 BVGa 1/16 – juris.

276 HessLAG v. 14.2.2019 – 16 TaBVGa – juris; LAG Hamburg v. 27.9.2018 – 8 TaBVGa 1/18; LAG Düsseldorf v. 5.12.2017 – 4 TaBVGa 7/17; HessLAG v. 22.5.2017 – 16 TaBVGa 116/17 – juris.

277 ArbG Oldenburg v. 29.6.1995 – 1 BVGa 5/95; ArbG Frankfurt/Oder v. 27.1.2000 – 5 BVGa 1/00 – AiB 2000, 435; ArbG Bremen v. 25.2.2000 – 1 BVGa 4/00 – AiB 2000, 288; HessLAG v. 19.8.2004 – 9 TaBVGa 114/04 – dbr 2005, Nr. 4, 35; ArbG Aachen v. 25.02.2019 – 8 BVGa 3/19.

278 ArbG Detmold v. 30.4.1998, AiB 1998, 405.

279 LAG Hamm v. 21.5.2008 – 10 TaBVGa 7/08 – juris; LAG Köln v. 20.11.2003 – 5 TABV 69/03 – DB 2004, 551.

tatsächlich an der zur Ausübung ihres Betriebsratsamtes erforderliche Schulung teilnehmen können.[280]

Einholung eines sachkundigen Rates

Angesichts der unsicheren Rechtslage sollte sich der Betriebsrat bei seiner Gewerkschaft oder einem Rechtsanwalt oder einer Rechtsanwältin erkundigen, wie das örtlich zuständige Arbeitsgericht derartige Anträge auf einstweilige Verfügung behandelt.

Ist absehbar, dass im einstweiligen Verfügungsverfahren keine Klärung erzielt werden kann, muss der Betriebsrat ggfs. ohne gerichtliche Vorprüfung über die Schulungsteilnahme entscheiden. Auf die Zustimmung des Arbeitgebers kommt es ohnehin nicht an.[281] Zu bedenken ist in jedem Fall, dass das einstweilige Verfügungsverfahren keine **absolute Rechtssicherheit** bringt,[282] da nicht ausgeschlossen ist, dass die Entscheidung in einem nachfolgenden Hauptsacheverfahren revidiert wird. Dennoch kann ein solches Verfahren die Position des Betriebsrats stärken. Möglicherweise gibt der Arbeitgeber seine ablehnende Haltung auf, zumal er die Prozessvertretungskosten zu tragen hat.

Erfrischend eindeutig bewertet das Arbeitsgericht Bamberg die Notwendigkeit des Rechtsschutzes für den Betriebsrat – jedenfalls bei eindeutiger Rechtslage wie die geplante Seminarteilnahme zu einem Grundlagenseminar.[283] Das Gericht vertritt die Auffassung, dass aufgrund des verfassungsrechtlich gebotenen effektiven Rechtsschutzes die Verpflichtung zu einem Eilverfahren besteht. Verweigert der Arbeitgeber die Leistungen und besitzt das Betriebsratsmitglied keine Kostenübernahmeerklärung, wird es von diversen Seminaranbietern und Hotels nicht zum Seminar zugelassen. Der Arbeitgeber könnte somit faktisch die Teilnahme an Grundlagenschulungen über lange Zeiträume verhindern. In eini-

280 HessLAG v. 14.2.2019 – 16 TaBVGa 24/19; ebenso HessLAG v. 4.11.2013 – 16 TaBVGa 179/13 – juris; LAG Düsseldorf v. 5.12.2017 – 4 TaBVGa 7/17 – juris; LAG Hamburg v. 27.9.2018 – 8 TaBVGa 1/18.

281 BAG v. 24.10.1995 – 9 AZR 431/94 – AP Nr. 15 zu § 1 BildungsurlaubsG NRW; BAG v. 30.1.1973 – 1 ABR 1/73 – AP Nr. 3 zu § 40 BetrVG 1972; LAG Baden-Württemberg v. 17.12.1987 – 11 TaBV 3/87–, AiB 1988, 282 ff.; LAG Düsseldorf v. 15.10.1992 – 12 (13) Sa 1035/92 – LAGE Nr. 33 zu § 611 BGB Abmahnung; LAG Düsseldorf v. 6.9.1995 – 12 TaBV 69/95 – LAGE Nr. 44 zu § 37 BetrVG 1972; LAG Hamm v. 17.9.2010 – 10 TaBV 26/10 – juris.

282 Diese unbefriedigende Situation wird durch die bisherige Rechtsprechung des BAG zum Abmahnungsrecht noch verstärkt. Statt das Abmahnungsrecht auf grobe Pflichtverstöße zu beschränken, wird dem Betriebsratsmitglied das volle Risiko aufgebürdet, wenn es die Schulungsteilnahme fehlerhaft – genauso wie das Gremium – für erforderlich gehalten hat. So in BAG v. 10.11.1993 – 7 AZR 682/92 – AP Nr. 4 zu § 78 BetrVG 1972. Danach darf das einzelne Betriebsratsmitglied nicht auf den Beschluss des Betriebsratsgremiums vertrauen, sondern muss die Verantwortung für die Fehlbeurteilung der Erforderlichkeit selbst tragen. Kritisch dazu LAG Düsseldorf v. 6.9.1995 – 12 TaBV 69/95 – LAGE Nr. 44 zu § 37 BetrVG 1972.

283 ArbG Bamberg v. 5.11.2012 – 2 BVGa 3/12 – ArbR 2013, 59.

gen Branchen sind die Einkommen, insbesondere bei Teilzeitbeschäftigten, auch nicht ausreichend, um die Kosten aus dem eigenen Geldbeutel vorzustrecken. Einige Arbeitgeber haben in der Vergangenheit mit der systematischen Verweigerung von Kostenübernahmen selbst bei Grundlagenschulungen gezeigt, dass die Herstellung intellektueller Waffengleichheit durch Bildung schon zu Beginn des Betriebsratsmandats über Jahre hinweg verzögert werden kann.[284]

6. Betriebsvereinbarung über Schulungskontingente

Mindestschulungsbedarf vereinbaren

Die Schulungsteilnahme kann zu einer regelrechten **Nagelprobe** werden. Die Rechtsdurchsetzung hängt im Bereich der Schulungs- und Bildungsveranstaltungen nach § 37 Abs. 6 BetrVG nicht selten von der Konflikt- und Risikobereitschaft des Betriebsrats ab. Die von vielen Betriebsräten dringend gesuchte Rechtssicherheit wird es im Vorfeld der Schulung nur im Ausnahmefall geben.

Im Regelfall bleibt die Situation ungeklärt, wenn der Arbeitgeber der Erforderlichkeit der Schulungsteilnahme oder der Geeignetheit des Seminars widerspricht. Legt er es darauf an, kann er aus jedem geplanten Seminarbesuch einen **Konfliktfall** machen. Und nicht in jedem Fall wird der Betriebsrat die damit verbundenen Risiken tragen wollen.

Zur Vermeidung von Streitigkeiten und zur Absicherung von Seminarbesuchen, können sich Betriebsrat und Arbeitgeber auf **Schulungskontingente per Betriebsvereinbarung** einigen.[285] Die gesetzlichen Schulungsansprüche sollten damit aber nicht gedeckelt werden. Ansonsten kann der Betriebsrat trotz Erforderlichkeit eines Seminarbesuchs keine Mitglieder mehr zum Seminar schicken, weil sein Kontingent erschöpft ist. Die vorherige Festlegung eines Kontingents kann sowohl Vorteile als auch Nachteile mit sich bringen.

Eckpunkte einer Betriebsvereinbarung

Für eine solche freiwillige Betriebsvereinbarung sind unterschiedliche Ausgestaltungsformen denkbar. Auf einige unverzichtbare Eckwerte sei hingewiesen:

Der Betriebsrat kann gewisse **Kontingente pro Jahr oder Amtszeit** für Betriebsräteseminare aushandeln, über die er eigenverantwortlich verfügen kann. Festgelegt werden kann die **Anzahl** der Seminare. Das gibt dem Betriebsrat Freiheit über die Auswahl der Personen, der Veranstaltung und der Anzahl der pro Seminar zu entsendenden Betriebsratsmitglieder.

284 *Spengler*, Anm. zu ArbG Bamberg v. 5.11.2012 – 2 BVGa 3/12, jurisPR-ArbR 16/2013 Anm. 4.
285 *Künzl*, ZfA 1993, 353.

- Für Schulungen nach § 37 Abs. 7 BetrVG erübrigen sich gesonderte Regelungen, da diese Vorschrift individualrechtliche Bildungsansprüche festlegt, über die der Betriebsrat keine inhaltlichen Verfügungen treffen kann. Ebenso ist die zeitliche Dauer gesetzlich geregelt und darf nicht im Vereinbarungswege beschnitten werden.
- Von der Festlegung eines Katalogs »erforderlicher« Schulungsthemen ist abzuraten, da neu auftretende Problemfelder nicht vorausschauend erfasst werden können. **In keinem Fall** sollte ein **abschließender Katalog** vereinbart werden.
- Die Betriebsvereinbarung über Schulungskontingente sollte stets nur einen **Mindestrahmen** abstecken, damit der Betriebsrat nicht auf weitergehende erforderliche Bildungsansprüche verzichtet.

Anhang

Anhang Nr. 1

Themenübersicht für Seminare nach § 37 Abs. 6 BetrVG

Die nachfolgende Liste bietet einen Überblick erforderlicher Themen für Spezialschulungen nach § 37 Abs. 6 BetrVG, wie sie Rechtsprechung und Literatur bewerten. Aufgrund der einzelfallbezogenen Erforderlichkeitsprüfung kann sie weder vollständig, verbindlich noch abschließend sein. Sie bietet lediglich eine **Orientierungshilfe**:

- Die Überwachungspflichten des Betriebsrats gem. § 80 Abs. 1 Nr. 1 BetrVG begründen die Erforderlichkeit einer Schulung über die im **Betrieb anzuwendenden (neuen) Tarifverträge.**[286] In diesem Zusammenhang spielen das Tarifvertrags- und Arbeitskampfrecht ebenso eine Rolle wie die Beteiligungsrechte des Betriebsrats im **Arbeitskampf, sofern absehbar ist, dass der Betrieb davon betroffen sein kann.**[287] Ist Kerninhalt der Veranstaltung die **Vorbereitung tarifvertraglicher Vereinbarungen** sowie die **Erörterung der Durchsetzbarkeit tarifvertraglicher Forderungen**, sind diese nicht als erforderlich für die Arbeit des Betriebsrats anzusehen.[288]
- Für eine sachgerechte Erfüllung der Betriebsratsaufgaben werden Kenntnisse des **Sozialrechts** benötigt, so dass Schulungen zu den Themenkreisen Arbeitslosen-, Kranken-, Unfall- und Rentenrecht erforderlich sind.[289]
- Auch sonstige **Gesetze** und **Rechtsverordnungen**, die für die Betriebsratsarbeit relevant sind, können Gegenstand einer Schulung nach § 37 Abs. 6 BetrVG sein.[290] Angesichts des Ausmaßes an richterrechtlichem Arbeitsrecht sind auch Schulungsmaßnahmen über zentrale **Gerichtsentscheidungen** und über den **Rechtsprechungswandel** erforderlich, da es selbst Fachleuten Mühe bereitet, in diesem Feld stets auf dem aktuellen Stand zu bleiben.[291]

---

286 Für Einbeziehung der im Betrieb geltenden Tarifverträge ausdrücklich BAG v. 9.10.1973 – 1 ABR 6/73 – AP Nr. 4 zu § 37 BetrVG 1972; LAG Hamm v. 11.3.1981 – 3 TaBV 125/80 – DB 1981, 1678.

287 BAG v.16.3.1988 – 7 AZR 557/87b – AP Nr. 63 zu § 37 BetrVG 1972; LAG Düsseldorf v. 12.6.2003 – 11 Sa 281/03 – AuR 2003, 398; LAG Hamm v. 11.8.2003 – 10 Sa 141/03 – NZA-RR 2004, 82; ArbG Augsburg v. 22.10.1987 – 3 BV 16/87 D. Zu Beteiligungsrechten des Betriebsrats im Falle arbeitskampfbedingter Kurzarbeit ArbG Stuttgart v. 27.7.1990 – 13 BV 2/90 A.

288 ArbG Ludwigshafen v. 6.6.2012 – 3 Ca 123/12 – ZTR 2012, 539.

289 ArbG Essen v. 23.12.1997, AiB 1998, 581; a.A. LAG Niedersachsen v. 14.1.2000 – 16 TaBV 29/99.

290 BAG v. 31.10.1973 – 1 ABR 7/72 – AP Nr. 2 zu § 40 BetrVG 1972; LAG Hamm v. 11.3.1981 – 3 TaBV 125/80 – DB 1981, 1678.

291 BAG v. 20.12.1995 – 7 ABR 8/95 – AiB 1997, 170; DKW/*Wedde*, § 37 Rn. 131.

- Der Besuch eines Seminars zur **aktuellen Rechtsprechung des Bundesarbeitsgerichts** wird unter gewissen Bedingungen für erforderlich erachtet. Ein solcher Seminarinhalt gehört zwar nicht zum unverzichtbaren Grundwissen. Dieses lässt sich aber mit einer entsprechenden Veranstaltung im Sinne einer Spezialisierung intensivieren. Ein betrieblicher Bezug muss dargelegt werden können.[292]
- Seminare zu neuer arbeitsrechtlicher **Gesetzgebung** können – mitunter sogar als Grundlagenseminare[293] – erforderlich sein, da der bloße Wortlaut eines Gesetzes nicht die denkbaren Anwendungsfälle bzw. die möglichen Anwendungsprobleme klärt.[294]
- Auch wenn ein für die Betriebsratsarbeit relevantes Gesetz noch nicht endgültig verabschiedet wurde und sich noch im Gesetzgebungsverfahren befindet (**Gesetzentwurf**), kann dazu ein Seminar erforderlich sein, wenn nach dem Stand des Gesetzgebungsverfahrens damit gerechnet werden kann, dass es ohne gravierende Änderungen verabschiedet wird. Das Gleiche gilt für **EG-Richtlinien**, die in nationales Recht umzusetzen sind.[295]
- Für die sachgerechte Wahrnehmung der Mitbestimmungsrechte nach § 87 Abs. 1 Nr. 10, 11 BetrVG sind Schulungen zu Fragen der **Lohngestaltung**, der **Akkord- und Prämienberechnung** erforderlich.[296] Das gilt auch für eine Schulung über die Erstellung eines Sozialplans bei einer bevorstehenden Betriebsänderung.[297]
- Die Notwendigkeit von Schulungen über **besondere Arbeitsbedingungen bzw. Arbeitsverhältnisse** – wie geringfügige Beschäftigung oder Befristung – besteht insbesondere dann, wenn diese im Betrieb verstärkt vorkommen oder der Arbeitgeber entsprechende Einstellungen plant.[298]
- Eine Schulungsveranstaltung zum **Arbeits- und Gesundheitsschutz** ist für die Arbeit des Betriebsrats erforderlich.[299]
- Grundkenntnisse der **Betriebswirtschaft** und **Betriebsorganisation** sowie der **Bilanzanalyse** benötigen insbesondere Betriebsratsmitglieder, die dem

292 BAG v. 18.1.2012 – 7 ABR 73/10 – NZA 2012, 813.

293 ArbG Detmold v. 30.10.1997, AiB 1998, 42 zum Thema »Arbeitsrechtliches Beschäftigungsförderungsgesetz«; ArbG Berlin v. 4.2.1998, AiB 1998, 643 zum Thema »Bildschirmarbeitsverordnung«.

294 ArbG Frankfurt/M. v. 29.4.1998, AiB 1998, 703 zum Thema »Nachweisgesetz«.

295 Vgl. BAG v. 16.3.1988, AP Nr. 63 zu § 37 BetrVG 1972; ArbG Stuttgart v. 4.4.1995 – 16 BV 258/94; DKW/*Wedde*, § 37 Rn. 132.

296 BAG v. 9.10.1973 – 1 ABR 6/73 – AP Nr. 4 zu § 37 BetrVG 1972; LAG Düsseldorf v. 31.10.1974 – 14 (5) TaBV 100/73 – DB 1975, 795.

297 LAG Niedersachsen v. 10.9.2004, AuR 2005, 37.

298 LAG Düsseldorf v. 19.4.1989 – 4 TaBV 14/89 – für die Erforderlichkeit der Themen »BeschFG und ungeschützte Arbeitsverhältnisse«.

299 ArbG Bamberg v. 5.11.2012 – 2 BVGa 3/12 – ArbR 2013, 59.

Wirtschaftsausschuss angehören.[300] Davon abgesehen sind **allgemeine betriebswirtschaftliche Kenntnisse** erforderlich; denn um betriebsbedingten Kündigungen entgegenwirken zu können oder Maßnahmen nach § 80 Abs. 1 Nr. 2 BetrVG zu initiieren, muss die Ertragslage des Unternehmens beurteilt werden können. Genauso verhält es sich bei einem betriebsbezogenen Anlass mit **wirtschaftlichen Rahmenbedingungen** und **Unternehmensstrategien.**[301]

- Steht im Betrieb eine Betriebsänderung oder im Unternehmen eine strukturelle Änderung bevor, kann eine Schulung des Gesamtbetriebsrats oder des örtlichen Betriebsrats zum Sozialplan und Interessenausgleich erforderlich sein.[302]
- Das Vorschlagsrecht des Betriebsrats nach § 92 Abs. 2 BetrVG spricht für die Erforderlichkeit einer Schulung zum Thema **Personalplanung** und **Arbeitsorganisation.**[303] Fragen der **Berufsbildung** sind aufgrund der Mitbestimmungsrechte des Betriebsrats nach §§ 96–98 BetrVG schulungsrelevant.[304]
- Schulungen über Wirkungen **internationaler Wirtschaftsbeziehungen** sind erforderlich, wenn Unternehmen z. B. ihre Produktion ganz oder teilweise ins Ausland verlagern oder wenn der Betrieb Teil eines multinationalen Konzerns ist.[305] Bei entsprechender Problemlage im Betrieb ist eine Schulung über **Logistik und Wertschöpfungskette**[306] oder zur Schichtplangestaltung erforderlich.[307]
- Für **GBR-, KBR-** oder **EBR**-Mitglieder sind Schulungen über ihren Zuständigkeitsbereich und ihre Handlungsmöglichkeit erforderlich.[308] Herrscht über die Konstituierung der Gremien Uneinigkeit, so begründet der Konflikt allein allerdings nicht die Erforderlichkeit einer Schulung.[309] Im Hinblick auf die **Bildung eines EBR** sind Schulungen über die Interessenvertretung in anderen EU-Ländern und in den konzernangehörigen Unternehmen und Betrieben

300 BAG v. 6. 11. 1973 – 1 ABR 8/73 – AP Nr. 5 zu § 37 BetrVG 1972; LAG Berlin v. 13. 11. 1990 – 3 TaBV 3/90; ArbG Weiden v. 9. 4. 1972, BetrR 1992, 1623.

301 LAG Baden-Württemberg v. 8.11.1996 – 5 TaBV 2/96 – NZA 1997, 345.

302 LAG Niedersachsen v. 10.9.2004 – 16 Sa 142/04 – AuR 2005, 37.

303 LAG Bremen v. 22. 8. 1973 – 2 TaBV 8/73; ebenso DKW/*Wedde*, § 37 Rn. 131.

304 ArbG Kassel v. 21. 3. 1974 – 1 Ca 127/73 – DB 1974, 924.

305 Speziell zu Schulungen über Wirtschaftsbeziehungen mit Entwicklungsländern *Blank*, AiB 1993, 487 ff.

306 LAG Hamm v. 7. 4. 2006 – 13 TaBV 208/05 – juris.

307 LAG Hamm v. 31. 5. 2006 – 10 TaBV 202/05 –, AuR 2007, 105.

308 DKW/*Wedde*, § 37 Rn. 131; vgl. auch BAG v. 6. 11. 1973 – 1 ABR 8/73 – AP Nr. 5 zu § 37 BetrVG 1972; BAG v. 27. 9. 1974 – 1 ABR 71/73 – AP Nr. 18 zu § 37 BetrVG 1972; vgl. auch LAG Rheinland-Pfalz v. 17. 11. 2016 – 7 TaBV 24/16 – juris; LAG Berlin-Brandenburg v. 20. 4. 2016 – 15 TaBV 52/16 – juris.

309 BAG v. 24. 7. 1991 – 7 ABR 12/90 – DB 1992, 482.

sowie über die Mitwirkungs- und Handlungsmöglichkeiten eines EBR erforderlich.[310]

- Schulungen zu neuen **Managementkonzepten** und **Partizipationsformen** oder **Gruppenarbeit** sind insbesondere dann erforderlich, wenn diese im Betrieb umgesetzt werden sollen.[311] Gleiches gilt für »**Qualitätsmanagement**«[312], die Einführung von **Qualitätszirkeln, Qualitätsaudits, CAQ** (computer aided quality assurance), der Fehler-Möglichkeits- und Einflussanalyse **(FEMA)** oder zur Einführung von **Total Quality Management** (TQM) oder zu anderen Formen des **Qualitätsmanagements.**[313]
- Ein Seminar zum Thema »**Flexible Arbeitszeiten**« und die Mitbestimmung des Betriebsrats« ist insbesondere dann erforderlich, wenn Betriebsvereinbarungen zur Regelung der Arbeitszeit aus der Amtszeit des vorherigen Betriebsrats gekündigt wurden und eine neue entsprechende Betriebsvereinbarung abgeschlossen werden soll.[314]
- Schulung zu **Fragen der menschengerechten Gestaltung der Arbeit** sind erforderlich, zumal der Betriebsrat nach §§ 90, 91 BetrVG einschlägige Beteiligungsrechte hat.[315]
- Schulungen zur Bedeutung und Funktion der **Gefahren-/Überlastungsanzeige** sind erforderlich, auch wenn darüber bereits eine Betriebsvereinbarung besteht.[316] Ebenso können Seminare zu Verfahren der **Gefährdungsbeurteilung** erforderlich sein, wenn Kenntnisse über das für den Betrieb einschlägige Verfahren vermittelt werden. Für die Teilnahme an einem Seminar, in dem es um allgemeine, verschiedene Verfahren zur Gefährdungsbeurteilung geht, fehlt es u. U. an der Erforderlichkeit, da dieses Wissen nicht zum unverzichtbaren Grundwissen im Betriebsverfassungsrecht, im allgemeinen Arbeitsrecht oder im Bereich der Arbeitssicherheit und Unfallverhütung gehört.[317]
- Grundsätzlich erforderlich sind für Betriebsratsmitglieder in Betrieben, für die die Freistellungsregelung des § 38 BetrVG gilt, auch Schulungen über die Rahmenbedingungen der **Freistellung von Betriebsratsmitgliedern.**[318]

---

310 ArbG Hamburg v. 13.5.2009 – 13 BV 4/09 – dbr 2009, 10/36; ArbG Lüneburg v. 12.11.1993 – 1 Ca 777/93; *Bauer*, AiB 1995, 583; DKW/*Wedde*, § 37 Rn. 128.

311 Vgl. BAG v. 14.9.1994 – 7 ABR 27/94 – AP Nr. 99 zu § 37 BetrVG 1972; LAG Düsseldorf v. 15.10.1992 – 12 [13] Sa 1035/92; DKW/*Wedde*, § 37 Rn. 131.

312 LAG Rheinland-Pfalz v. 16.3.2005 – 1 TaBV 40/04 – juris; 29.11.1996, AiB 1997, 533.

313 LAG Rheinland-Pfalz v. 29.11.1996, AiB 1997, 533; ArbG Wetzlar v. 22.11.1995, AiB 1996, 188.

314 HessLAG v. 16.6.2011 – 9 TaBV 126/10 – juris.

315 BAG v. 14.6.1977 – 1 ABR 92/74 – AP Nr. 30 zu § 37 BetrVG 1972.

316 HessLAG v. 8.6.2020 – 16 TaBV 184/19 – juris.

317 BAG v. 20.8.2014 – 7 ABR 64/12 – NZA 2014, 1349.

318 LAG Köln v. 6.8.2008 – 7 TaBV 11/08 – NZA-RR 2009, 423.

- Da mobiles Arbeiten an Bedeutung gewonnen hat und ihre Ausgestaltung nach § 87 Abs. 1 Nr. 14 BetrVG mitbestimmungspflichtig ist, sind auch Seminare hierzu erforderlich.[319]
- Seminare zum Thema **Mobbing** können erforderlich sein, wenn im Betrieb Konfliktlagen bestehen, aus denen sich Mobbing entwickeln kann. Ein erforderlicher konkreter, betriebsbezogener Anlass kann bestehen, wenn der Betriebsrat aufgrund ihm bekanntgewordener Konflikte initiativ werden will, um etwa durch Verhandlungen mit dem Arbeitgeber über den Abschluss einer Betriebsvereinbarung der Entstehung von Mobbing oder weiteren Mobbingfällen entgegenzuwirken.[320] Erste Anzeichen, dass Beschäftigte Mobbingsituationen ausgesetzt sind, reichen für den Besuch eines entsprechenden Seminars aus.[321] Die Erforderlichkeit leitet sich auch aus den Rechten des Betriebsrats nach §§ 99, 102 und 85 BetrVG ab.[322] Ausreichend ist der Beschluss des Betriebsrats, sich inhaltlich mit Mobbing auseinandersetzen zu wollen. Der Betriebsrat kann auch **präventiv** tätig werden. Er muss nicht erst den Eintritt einer Mobbingsituation im Betrieb abwarten, ehe er seine Mitglieder schulen darf.[323]
- Wenn Betriebsrat und Arbeitgeber ihre Konflikte häufig in gerichtlichen Verfahren fortführen und dort nicht geschlichtet werden können, kann auch ein Seminar über Grundlagen zum kommunikationspsychologisch wie rechtlich richtigen **Umgang mit Konfliktsituationen** und zu Bewältigungsmöglichkeiten erforderlich sein.[324]
- Mit Suchtproblemen im Betrieb hat der Betriebsrat häufig zu tun. Insofern ist insbesondere in größeren Betrieben eine Schulung über **Suchtkrankheiten** erforderlich.[325]
- Eine Schulung über **AIDS-Erkrankung** kann auch ohne konkreten Fall im Betrieb erforderlich sein.[326]
- Für die Erforderlichkeit der Teilnahme an einem Seminar zum Thema **»Burnout«** ist es ausreichend, wenn der Betriebsrat darauf verweisen kann, dass ihn Beschäftigte mehrfach auf eine bestehende Überforderungssituation angesprochen haben. Der Erforderlichkeit steht nicht entgegen, dass der Arbeitgeber eine telefonische Beratung dazu anbietet. Genauso wenig stehen

---

319 DKW/*Wedde*, § 37 Rn. 131; FTLSS, § 37 Rn. 149.

320 BAG v. 14.1.2015 – 7 ABR 95/12 – NZA 2015, 632.

321 LAG Hamm v. 7.7.2006 – 10 Sa 1283/05 – NZA-RR 2007, 202; LAG München v. 30.10.2012 – 6 TaBV 39/12 – LAGE § 37 BetrVG 2001 Nr. 6.

322 ArbG Oldenburg v. 29.6.1995 – 1 BVGa 5/95.

323 ArbG Bremen v. 17.12.2003 – 9 BV 81/03 – NZA-RR 2004, 538; LAG München v. 30.10.2012 – 6 TaBV 39/12 – LAGE § 37 BetrVG 2001 Nr. 6.

324 LAG Berlin-Brandenburg v. 17.3.2016 – 26 TaBV 2215/15 – ArbRB 2016, 365.

325 LAG Düsseldorf v. 9.8.1995 – 4 TaBV 38/95 – BB 1995, 2531.

326 LAG Frankfurt/M. v. 7.3.1991 – 12 TaBV 172/90 – AiB 1992, 93.

Verhandlungen des Arbeitgebers mit dem Gesamtbetriebsrat zu dem Thema einer Teilnahme von Mitgliedern eines örtlichen Betriebsrats an einem solchen Seminar entgegen.[327]

- Insbesondere für Betriebsratsmitglieder, die mit dem **betrieblichen Eingliederungsmanagement (BEM)** – z. B. durch Entsendung in ein Integrationsteam – befasst sind, ist der Besuch eines Seminars zu diesem Thema erforderlich, um die nach § 167 Abs. 2 Satz 1 SGB IX vorgesehenen Prozesse zum Gesundheitsschutz zu begleiten.[328] Sind die benötigten Kenntnisse bereits im Betriebsrat vorhanden, scheidet die Erforderlichkeit der Schulung eines weiteren Betriebsratsmitglieds eventuell aus. Allerdings hat der Betriebsrat – je nach Größe – die Möglichkeit, mehrere seiner Mitglieder mit dem Thema Gesundheitsschutz zu betrauen.[329]
- Die Notwendigkeit von **Rhetorik- und Kommunikationsseminaren** ist in erster Linie für Betriebsratsmitglieder »in herausgehobener Stellung« anerkannt.[330] Das gilt auch für Führungsseminare für Betriebsräte.[331] Manche Instanzgerichte machen die Teilnahme nicht von einer bestimmten Funktionsausübung abhängig.[332] Meistens bedarf es weiterer Darlegung, dass das zu der Schulung entsandte Betriebsratsmitglied die in dem Rhetorikseminar vermittelten Kenntnisse braucht, damit der Betriebsrat seine gesetzlichen Aufgaben sach- und fachgerecht wahrnehmen kann.[333]
- Gleiches gilt für ein Seminar zu »**Schriftlicher Kommunikation**« im Betrieb.[334] Schriftführer und Schriftführerinnen des Betriebsrats und deren Stellvertreter und Stellvertreterinnen können an Seminaren zur **Protokoll- und Schriftführung** teilnehmen.[335] Das Seminar kann auch dann besucht werden, wenn das Betriebsratsmitglied über einen längeren Zeitraum ohne Beanstandungen die Tätigkeit als Schriftführer ausgeübt hat.[336]
- Bei einem aktuellen, betriebsbezogenen Anlass kann der Besuch einer Schulungsveranstaltung für den **Betriebsratsvorsitzenden und seinen Stellver-**

327 ArbG Essen v. 30. 6. 2011 – 3 BV 29/11 – ArbRB 2011, 358. Vgl. dazu Klapp, AiB 2015, 49.

328 BAG v. 28. 9. 2016 – 7 AZR 699/14 – NZA 2017, 69; BAG v. 22. 3. 2016 – 1 ABR 14/14 – NZA 2016. 1283; ArbG Aachen v. 25. 2. 2019 – 8 BVGa 3/19.

329 BAG v. 14. 1. 2015 – z ABR 95/12: vgl. auch ArbG Aachen v. 25.2.2019 – 8 BVGa 3/19; *Fortunato/ Wurzberger*, AiB 5/2017, 53.

330 BVerwG v. 23. 4. 1991, PersR 1991, 289; BAG v. 15. 2. 1995, AuR 1995, 418; BAG v. 24. 5. 1995, AP Nr. 109 zu § 37 BetrVG 1972.

331 LAG Schleswig-Holstein v. 22. 7. 2009 – 3 TaBV 13/09 – BB 2009, 2309 (Ls.).

332 LAG Schleswig-Holstein v. 4. 12. 1990 – 1 TaBV 21/90 – AiB 1991, 199; ArbG Wiesbaden v. 15. 9. 1999 – 6 Bv 2/99; ArbG Dortmund v. 17.6.1999 – 6 BV 53/99 – AiB 2000, 628; ArbG Bremen v. 25. 2. 2000 – 1 BVGa 4/00 – AiB 2000, 288.

333 BAG v. 12. 1. 2011 – 7 ABR 94/09 – NZA 2011, 813.

334 ArbG Hamburg v. 15. 6. 1993 – 25 Ca 21/93 – AiB 1994, 116;

335 LAG Düsseldorf v. 6. 2. 2009 – 9 TaBV 329/08 – NZA-RR 2009, 306.

336 ArbG Weiden v. 4. 6. 2007 – 4 BV 14/07 A – dbr 2007, 12/38.

treter bzw. seine Stellvertreterin erforderlich sein, in der es darum geht, die **Zusammenarbeit zwischen beiden** zu verbessern und zu professionalisieren.[337]

- Der Einsatz moderner Informations- und Kommunikationstechnik im Betriebsratsbüro ist heute selbstverständlich. Daher ist meistens auch eine **PC-Schulung erforderlich.**[338] Seminare zu EDV-Systemen sind insbesondere erforderlich, wenn neue computergestützte Technologien eingeführt oder erweitert werden.[339]
- Die Ausstattung der Arbeitsplätze mit moderner Informations- und Kommunikationstechnologie erfordert, dass der Betriebsrat zu **Fragen des Datenschutzes im Betrieb** und der Einsetzung eines betrieblichen **Datenschutzbeauftragten** geschult ist.[340] Dazu gehört auch eine Schulung zur **DS-GVO.**[341]
- Ist im Betrieb eine Umweltbelastung aufgetreten oder bahnt sich eine solche an, ist eine Schulung zum **betrieblichen Umweltschutz** erforderlich. Dazu gehören auch Seminarinhalte zur Überprüfung der Arbeitsbedingungen anhand ökologischer bzw. gesundheitlicher Vertretbarkeitskriterien (vgl. § 89 Abs. 1 BetrVG n. F.).[342]
- Sowohl im Interesse spezifischer Gruppen von Beschäftigten als auch für Angehörige dieser Gruppen können gezielte Schulungsmaßnahmen erforderlich sein. Dies gilt namentlich für Mitglieder der **JAV,**[343] für **Frauen** (speziell aufgrund der Pflichtenerweiterung in § 80 Abs. 1 Nr. 2a sowie des Gesetzes zum Schutz vor sexueller Belästigung am Arbeitsplatz)[344], für die Vermittlung von Spezialkenntnissen des **Schwerbehindertenrechts**[345] oder über **behindertengerechte Arbeitsplatzgestaltung und Beteiligungsrechte der Schwerbehindertenvertretung.**[346]
- Beabsichtigt der Arbeitgeber eine Zertifizierung des Betriebes oder läuft das Verfahren bereits, so ist die Schulung unabhängig von den Mitbestimmungs- und Mitwirkungsrechten im Rahmen der § 87 Abs. 1 Nrn. 1, 2, 6, 10 und §§ 92, 93, 94, 95, 99, 111 BetrVG zum entsprechenden **Qualitätssicherungssystem**

337 LAG Hamm v. 26.4.2013 – 13 TaBV 15/13 – juris.

338 BAG v. 19.7.1995, AiB 1995, 791; ArbG Hamburg v. 5.8.2008 – 9 BV 3/08 – AiB Newsletter 2008, Nr. 11, 5.

339 LAG Düsseldorf v. 7.3.1990 – 4 Sa 1455/8.

340 LAG Niedersachsen v. 28.9.1979 – 3 TaBV 3/79 – EzA § 37 BetrVG 1972 Nr. 64.

341 LAG Berlin-Brandenburg v. 9.3.2021 – 11 TaBV 1371/20 – juris.

342 LAG Niedersachsen v. 6.7.1995 – 9 TaBV 106/94; ArbG Hannover v. 6.12.1991 – 6 BV 7/91 – AiB 1992, 154; ArbG Wiesbaden v. 2.10.1991 – 7 BV 6/91 – AiB 1991, 540.

343 BAG v. 6.5.1975 – 1 ABR 135/73 – AP Nr. 5 zu § 65 BetrVG 1972; BAG v. 19.1.1984 – 6 ABR 12/81 mit der Einschränkung, dass eine entsprechende Beschlussfassung des Betriebsrats gegeben ist.

344 Vgl. ArbG Wesel v. 31.3.1993 – 3 BV 35/92 – AuR 1993, 305; ArbG Braunschweig v. 9.5.1989 – 4 BV 21/89.

345 HessVGH v. 15.11.1989 – HPV TL 2960/87 – DB 1990, 1243.

346 LAG Hamm v. 9.3.2007 – 10 TaBV 34/06 – juris.

und seine Auswirkungen erforderlich. Angesichts der komplizierten Materie ist dem Betriebsrat nicht zuzumuten, sich auf die allgemeinen Informationen verlassen zu müssen, die alle Beschäftigten im Zuge des Zertifizierungsverfahrens bekommen.[347]

- Schulungsveranstaltungen in der Muttersprache fremdsprachiger Betriebsratsmitglieder können erforderlich sein, damit diese ihren gesetzlichen Aufgaben nachkommen können.[348]
- Die **Strafvorschriften der §§ 119, 120 BetrVG** sind Teil des BetrVG und gehören zum Grundlagenwissen für Betriebsräte. Eine darauf bezogene Schulung kann erforderlich sein, und zwar nicht erst dann, wenn der Arbeitgeber in strafrechtlich relevanter Weise auffällig geworden ist.[349]

347 LAG Rheinland-Pfalz v. 19.11.1996 – 3 TaBV 23/96 – BB 1997, 996.
348 ArbG Berlin v. 3. 3. 2011 – 24 BV 15046/10 – AuR 2011, 313.
349 LAG Köln v. 21. 1. 2008 – 14 TaBV 44/07 – AuA 2008, 561.

Anhang Nr. 2

Themenübersicht für Seminare nach § 37 Abs. 7 BetrVG

Eine Einschätzung »geeigneter« Themen ermöglichen die von den Gerichten entschiedenen Fälle und die Kommentarliteratur:

Nach Rechtsprechung des BAG sind alle gesellschaftspolitischen, kirchlichen, gewerkschaftspolitischen und staatsbürgerlichen Themen nicht geeignet.[350] Dagegen hat das LAG Rheinland-Pfalz eine Schulung über die Geschichte der deutschen Arbeiterbewegung anerkannt.[351]

Tarifpolitische, sozialversicherungsrechtliche und **wirtschaftliche Themen** sind für Schulungen nach Absatz 7 geeignet ebenso wie solche zum Mitbestimmungs- und Gesellschaftsrecht.[352]

Gerade im Hinblick auf die Globalisierungs- und Standortdebatte sind Schulungen über **internationale Wirtschaftsbeziehungen und -verflechtungen** geeignet. Dies gilt insbesondere für Betriebsratsmitglieder, die in internationalen Konzernen arbeiten.[353] Dazu gehören auch Seminare über die Rechte **Europäischer Betriebsräte** und die nationalen Arbeitnehmerinteressenvertretungen in den EU-Mitgliedstaaten.[354]

Da Verhandlungsgeschick für den Betriebsrat wichtig ist, sind **Rhetorikseminare** oder solche zu Versammlungspraxis und Versammlungsleitung geeignet.[355]

Der **betriebliche Umweltschutz** ist ebenfalls als geeignetes Schulungsthema i.S.d. § 37 Abs. 7 BetrVG anerkannt worden.[356]

---

350 Vgl. z. B. BAG v. 18.12.1973 – 1 ABR 35/73 – AP Nr. 7 zu § 37 BetrVG 1972; a.A. DKW/*Wedde*, § 37 Rn. 173.

351 LAG Rheinland-Pfalz v. 24.7.1990 – 3 Sa 276/90 – BetrR 1991, 215.

352 DKW/*Wedde*, § 37 Rn. 175; wohl auch BAG v. 6.4.1976 – 1 ABR 96/74 – AP Nr. 23 zu § 37 BetrVG 1972.

353 Vgl. DKW/*Wedde*, § 37 Rn. 175.

354 ArbG Stuttgart v. 4.4.1995 – 16 BV 258/94; FTLSS, § 7 Rn. 200.

355 Seminare zu Versammlungstechnik und -leitung sowie Diskussions- und Verhandlungstechnik befürwortend BAG v. 6.11.1973, AP Nr. 6 zu § 37 BetrVG 1972; a.A. allerdings BAG v. 15.8.1978 – 6 ABR 65/76; vgl. auch FTLSS, § 37 Rn. 199.

356 BAG v. 11.10.1995 – 7 ABR 42/94 – AuR 1996, 311.

Weitere geeignete Themen sind z.B. Arbeitsschutz, Arbeitsbewertung, arbeitswissenschaftliche Erkenntnisse über die Gestaltung der Arbeit, Mitbestimmungs- und Gesellschaftsrecht, allgemeines Sozialrecht und Sozialleistungsrechts.[357]

357 Vgl. die Übersicht bei FTLSS, § 37 Rn. 199 f.

Anhang Nr. 3

Muster einer Mitteilung an den Arbeitgeber über Seminarteilnahme nach § 37 Abs. 6 BetrVG

Betriebsrat
der H.H. Normal GmbH
Normalstr. 13
33333 Normalstadt

An die

Geschäftsleitung
im Hause

.... (Ort, Datum)

Mitteilung über Seminarteilnahme nach § 37 Abs. 6 BetrVG

Sehr geehrte Damen und Herren,

der Betriebsrat hat in seiner Sitzung am .... beschlossen,

das Betriebsratsmitglied .... (*Name*)
zu dem Seminar .... (*Titel des Seminars*) zu entsenden.
Das Seminar wird veranstaltet von .... *(Name und Anschrift des Veranstalters)*.
Es beginnt am .... *(Tag und Uhrzeit)* und endet am .... *(Tag und Uhrzeit)*.
Die Seminarteilnahme ist i. S. d. § 37 Abs. 6 BetrVG erforderlich. Das Seminarprogramm fügen wir als **Anlage** bei.
Wir gehen davon aus, dass Ihrerseits keine Einwände gegen die Seminarteilnahme von Herrn/Frau .... *(Name)* bestehen.

Mit freundlichen Grüßen

____
Betriebsratsvorsitzende/r

Anlage: Seminarplan

Anhang Nr. 4

Muster einer Mitteilung an den Arbeitgeber über Seminarteilnahme nach § 37 Abs. 7 BetrVG

Betriebsrat
der H.H. Normal GmbH
Normalstr. 13
33333 Normalstadt

An die

Geschäftsleitung
im Hause

.... (Ort, Datum)

Mitteilung über Seminarteilnahme nach § 37 Abs. 7 BetrVG

Sehr geehrte Damen und Herren,

der Betriebsrat hat in seiner Sitzung am .... beschlossen, dass das Betriebsratsmitglied .... *(Name)* das Seminar .... *(Titel des Seminars)* entsprechend seines Schulungsanspruchs nach § 37 Abs. 7 BetrVG besuchen wird.
Das Seminar findet in der Zeit vom .... *(Tag und Uhrzeit)* bis zum .... *(Tag und Uhrzeit)* statt und wird durchgeführt von .... *(Name und Anschrift des Veranstalters)*.
Die Schulungsveranstaltung ist von der obersten Arbeitsbehörde des Landes .... *(Name der Behörde)* unter dem Aktenzeichen .... i.S.d. § 37 Abs. 7 BetrVG als geeignet anerkannt worden.
Das Seminarprogramm fügen wir als Anlage bei.

Mit freundlichen Grüßen

Betriebsratsvorsitzende/r

Anlage: Seminarprogramm

Anhang Nr. 5

Muster einer Mitteilung an den Arbeitgeber über die Entsendung einer Vertrauensperson der Schwerbehindertenvertretung zu einem Seminar nach § 179 Abs. 4 SGB IX

An die

Geschäftsleitung
im Hause

.... (Ort, Datum)

Sehr geehrte Damen und Herren,

für die Arbeit der Schwerbehindertenvertretung ist es erforderlich, dass Frau/Herr .... *(Name)* an dem Seminar .... *(Titel des Seminars)* teilnimmt.
Das Seminar findet in der Zeit vom .... *(Tag und Uhrzeit)* bis zum .... *(Tag und Uhrzeit)* statt und wird durchgeführt von .... *(Name und Anschrift des Veranstalters)*.
Der Preis des Seminars sowie die Kosten für die Übernachtung und Verpflegung belaufen sich auf .... *(Höhe der Kosten)*.
Die in dem oben genannten Seminar vermittelten Kenntnisse sind für die sach- und fachgerechte Arbeit der Schwerbehindertenvertretung gemäß § 179 Abs. 4 SGB IX erforderlich.
Das Seminarprogramm ist als Anlage beigefügt.

Mit freundlichen Grüßen

____

Schwerbehindertenvertretung

Anlage: Seminarprogramm

Anhang Nr. 6

	§ 37 Abs. 6 BetrVG	§ 37 Abs. 7 BetrVG	Bildungsurlaubs- und Bildungszeitgesetz	§ 179 Abs. 4 SGB IX
Voraussetzung	Erforderlichkeit für die BR-Arbeit und das BR-Mitglied Berücksichtigung der betrieblichen Belange bei der zeitlichen Lage	Eignung für die BR-Arbeit und das BR-Mitglied Anerkennung durch die Sozialministerien der Bundesländer	Anerkennung durch Kultus- bzw. Sozialministerium des jeweiligen Bundeslandes (siehe Anerkennungs-Nr. der Seminare im Extranet); ab 2016 auch in Thüringen. Keine Bildungsurlaubsgesetze: Bayern, Sachsen.	Erforderlichkeit für die SBV-Arbeit
Zeitliche Beschränkung	keine	Drei Wochen in der Amtsperiode In der 1. Amtsperiode vier Wochen	In der Regel fünf Arbeitstage je Kalenderjahr (abhängig vom Bundesland)	keine
Entscheidung	Beschluss durch BR-Gremium	Beschluss durch BR-Gremium	Der Beschäftigte beantragt BU; in besonderen Fällen kann der Arbeitgeber ablehnen	Beschluss durch die Vertrauensperson der Menschen mit (Schwer-)Behinderung
Anspruch	BR-/JAV-Gremium	Das einzelne BR-/JAV-Mitglied	Der/die einzelne Arbeitnehmer/in	Vertrauensperson und Stellvertreter/innen

	§ 37 Abs. 6 BetrVG	§ 37 Abs. 7 BetrVG	Bildungsurlaubs- und Bildungszeitgesetz	§ 179 Abs. 4 SGB IX
Kostenübernahme	Arbeitgeber trägt Verdienstausfall, Seminarkosten, Reisekosten, Übernachtung und Verpflegung nach § 40 BetrVG	Arbeitgeber stellt bezahlt frei Seminarkosten, Übernachtung und Verpflegung übernimmt für ihre Mitglieder die IG Metall	Bezahlte Freistellung durch den Arbeitgeber Sonstige Kosten tragen die Teilnehmenden oder werden von der IG Metall übernommen Bei Kurzarbeit bitte bei der jeweiligen Verwaltungsstelle erkundigen	Arbeitgeber trägt Verdienstausfall, Seminarkosten, Übernachtung und Verpflegung

Nach Tarifverträgen: In einigen Tarifverträgen der IG Metall sind Freistellungen bestimmter Beschäftigter und Interessenvertreter und -vertreterinnen geregelt (z. B. Bayern M+E, Baden-Württemberg H+K, Textil-TV)

Ergänzung: Der Tarifvertrag zur Bildungsteilzeit in der Metall- und Elektroindustrie

Die Regelungen zur Bildungsteilzeit schaffen für den Einzelnen zusätzliche Möglichkeiten, ihre persönliche berufliche Entwicklung zu gestalten. Diese sind vom Adressatenkreis und den Anforderungen her von den oben genannten Freistellungsmöglichkeiten zu unterscheiden.

Beschäftigte, die eine persönliche berufliche Weiterbildung absolvieren wollen, können dafür von der Arbeit freigestellt werden. Dabei haben sie die Möglichkeit, Teilzeit zu arbeiten. Sie können jedoch auch mit dem Arbeitgeber vereinbaren, dass sie eine Zeit lang ganz ausscheiden. In beiden Fällen haben sie danach ein Rückkehrrecht auf den alten Arbeitsplatz oder eine mindestens gleichwertige Vollzeitstelle.

Die Tarifverträge weisen zum Teil regionale Besonderheiten auf. Deshalb empfiehlt sich im konkreten Fall ein Blick in die regional gültigen Tarifverträge.

Und was ist persönliche Weiterbildung?

Bei persönlicher Weiterbildung geht es um Qualifizierungen, die Beschäftigte selbst wünschen: um sich beruflich weiterzuentwickeln und ihre Chancen auf dem Arbeitsmarkt langfristig zu sichern oder zu verbessern. Damit unterscheidet sie sich von betrieblich notwendigen Qualifizierungen; für sie muss der Betrieb weiter die Kosten übernehmen und die Beschäftigten von der Arbeit freistellen. Die persönliche Weiterbildung ist zum Beispiel für junge Leute gedacht, die nach der Ausbildung studieren möchten. Oder für Facharbeiterinnen und -arbeiter, die schon einige Zeit berufstätig sind und Meister oder Techniker werden wollen. Oder für Un- oder Angelernte, die einen Berufsabschluss erwerben wollen. Die persönliche Weiterbildung sollte grundsätzlich **geeignet sein, eine neue Tätigkeit im bisherigen Betrieb auszuüben.** Sie soll aber auch dann möglich sein, wenn aktuell kein konkreter Bedarf besteht. Bisher konnten sich Beschäftigte für solche Qualifizierungen nicht freistellen lassen, sondern mussten kündigen.

Wer kann in Bildungsteilzeit gehen?

Anspruch auf Bildungsteilzeit oder ein Ausscheiden mit Rückkehrrecht haben Beschäftigte, die mehr als fünf Jahre im Betrieb sind oder Auszubildende, die nach ihrer Ausbildung übernommen werden. Für un- und angelernte Beschäftigte oder Beschäftigte auf Arbeitsplätzen mit geringen Qualifikationsanforderungen ist in den Tarifverträgen vereinbart, dass besondere Weiterbildungsmaßnahmen angeboten werden sollen.

Was ist, wenn der Arbeitgeber meine Bildungsteilzeit ablehnt?

Dann kann der oder die Beschäftigte sich an den Betriebsrat wenden. Arbeitgeber und Betriebsrat müssen sich damit befassen und versuchen, eine Lösung zu finden. Gelingt das nicht, kann der Betriebsrat den Konflikt vor eine paritätische Kommission und, wenn das zu keinem Ergebnis führt, eine tarifliche Einigungsstelle bringen.

Wie lange kann ich Bildungsteilzeit machen?

Je nach Qualifizierungsmaßnahme und tariflicher Regelung kann ein solches Freistellungsmodell bis zu sieben Jahre dauern.

Gibt der Arbeitgeber Zuschüsse?

Neben den Teilzeitregelungen und den individuellen Gestaltungsmöglichkeiten mit dem Bildungskonto sehen die Tarifverträge vor, dass die Bildungszeit zusätzlich gefördert werden kann. Dabei wird zusätzlich zum Teilzeitentgelt, wie bei Altersteilzeit, ein Aufstockungsbetrag gezahlt. Dies kann betrieblich vereinbart werden. Zuschüsse kann es zum Beispiel geben, wenn die Quote für die Altersteilzeit nicht ausgeschöpft wird. Denn dann müssen die nicht genutzten Mittel anderweitig im Interesse der Beschäftigten verwendet werden. Beschäftigte können in einem gewissen Umfang auch angesparte Zeitguthaben und Urlaubs- und Weihnachtsgeld nutzen, um ihr Entgelt während der Bildungsteilzeit aufzustocken.

Mehr Informationen findet man in der IG Metall Broschüre »Tarifliche Bildungsteilzeit«.